La fortaleza de los elegidos

The CHOSEN

Un estudio bíblico interactivo

Temporada 5

La fortaleza de los elegidos

Amanda Jenkins, Dallas Jenkins y Douglas S. Huffman

150 YEARS STRONG
DAVID C COOK

LA FORTALEZA DE LOS ELEGIDOS
Publicado por David C Cook
4050 Lee Vance Drive
Colorado Springs, CO 80918 EE. UU.

Integrity Music Limited, una división de David C Cook
Brighton, East Sussex BN1 2RE, Inglaterra

Debido a la naturaleza del proceso de grabación, puede haber diferencias menores entre los extractos del guion impreso y la producción final. El sentido y la intención de cada escena permanecen iguales.

ISBN 978-0-8307-9148-4

Originalmente publicado en inglés como: *The Stronghold of the Chosen*

Esta edición en español fue publicada por David C Cook
en colaboración con Come and See Foundation, Inc.

El equipo: Michael Covington, Stephanie Bennett, Brian Mellema, Jack Campbell, Susan Murdock
Equipo de traducción y revisión: Carla Serratos, Tomas Chapman, Zulma Fontánez e Ismael Infante
Diseño de la portada: James Hershberger
Foto de Masada por Andrew Shiva de Wikipedia/Wikimedia Commons. Foto original a color cambiada a blanco y negro. Licencia: https://creativecommons.org/licenses/by-sa/4.0/deed.en.

Impreso en Canadá
Primera edición en español 2026

1 2 3 4 5 6 7 8 9 10

092525

ÍNDICE

"Alégrate mucho, hija de Sion;
da voces de júbilo, hija de Jerusalén;
he aquí tu rey vendrá a ti,
justo y salvador, humilde,
y cabalgando sobre un asno,
sobre un pollino hijo de asna.

Y de Efraín destruiré los carros,
y los caballos de Jerusalén,
y los arcos de guerra serán quebrados;
y hablará paz a las naciones,
y su señorío será de mar a mar,
y desde el río hasta los fines de la tierra.

Y tú también por la sangre de
tu pacto serás salva;
yo he sacado tus presos de la
cisterna en que no hay agua.
Volveos a la fortaleza, oh
prisioneros de esperanza;
hoy también os anuncio que
os restauraré el doble".

Zacarías 9:9-12

INTRODUCCIÓN

¿Qué es una fortaleza?

Bueno, una fortaleza es un lugar seguro, fortificado para proteger a sus habitantes contra un ataque. Es un lugar donde la gente se puede sentir segura, sabiendo que la rodean altos, sólidos y poderosos muros. Es un lugar de refugio del caos, de la violencia y de la vulnerabilidad. Es un lugar para esconderse, descansar y recuperarse. Es un lugar para reevaluar y planificar el camino a seguir.

Es un lugar.

Cuando el rey David capturó el asentamiento jebuseo en el Monte Sion y lo convirtió en Jerusalén, la capital, llamó el lugar fortificado "la ciudad de David". Pero el héroe conquistador también anduvo un tiempo en el desierto entre fortalezas naturales como cuevas y peñascos, a escondidas de enemigos como Saúl y el ejercito filisteo.

> "Y la mano de Madián prevaleció contra Israel. Y los hijos de Israel, por causa de los madianitas, se hicieron cuevas en los montes, y cavernas, y lugares fortificados".
> Jueces 6:2

En el antiguo Israel, la fortaleza más famosa era una fortificación de montaña en la costa occidental del Mar Muerto, hoy conocida como Masada.

Su nombre viene de la palabra hebrea *metsad* (que significa "fortaleza"), y es una gran meseta rocosa a unos 450 metros sobre el nivel del mar. Además de las protecciones naturales de su ambiente montañoso, Masada fue fortalecida por Herodes el Grande.

Foto de Andrew Shiva / Wikipedia / Creative Commons

Una vista aérea de Masada en el desierto de Judea, y el Mar Muerto a lo lejos.

Excavaciones del sitio han revelado sus fortificaciones: la cima está rodeada por un muro de casamata de cuatro metros de altura, y adentro hay plazas, pórticos, piscinas y almacenes, una habitación de trono y residencias para la realeza, un edificio departamental y hogares para los trabajadores, cisternas que habrían contenido más de 10 millones de galones de agua pluvial, y una sinagoga del primer siglo.

Muro de casamata: una fortificación compuesta por dos muros paralelos —una "pared doble"— separados por un espacio.

En tiempos de paz, el espacio abierto entre los muros se podía usar como almacén o incluso como residencias. En tiempos de guerra, el espacio abierto se podía llenar con piedras y tierra para hacer de los dos débiles muros paralelos una masiva y sólida construcción que fortalecería la resistencia del muro exterior contra arietes.

En otras palabras, Masada era una fortaleza bien equipada, que sin duda serviría como inspiración para la forma en que personas como David veían y experimentaban y *hablaban* de Dios. En una de sus alabanzas más largas, y en el contexto de una batalla contra sus enemigos, David escribió:

"El SEÑOR es mi roca, mi baluarte y mi libertador; mi Dios, mi roca en quien me refugio; mi escudo y el poder de mi salvación, mi altura inexpugnable y mi refugio; Salvador mío, Tú me salvas de la violencia. Invoco al Señor, que es digno de ser alabado, y soy salvo de mis enemigos" (2 Sam. 22:2–4 NBLA).

Esta oración de David continuó con recuerdos de desesperación (vv. 5–7) y de las formas en que Dios actuó para salvarlo (vv. 8–20). Comparó a aquellos que viven para Dios con quienes lo retan (vv. 21–30), y testificó: "En cuanto a Dios, su camino es perfecto; acrisolada es la palabra del SEÑOR; él es escudo a todos los que a él se acogen. Pues ¿quién es Dios, fuera del SEÑOR? ¿Y quién es roca, sino solo nuestro Dios? Dios es mi fortaleza poderosa, y el que pone al íntegro en su camino" (vv. 31–33). David terminó el canto reiterando "El SEÑOR vive, bendita sea mi roca, y ensalzado sea Dios, roca de mi salvación" (v. 47).

Y, por si no quedara lo suficientemente claro, el salmista repitió esa declaración una y otra y otra vez.

Además del repetido uso de David de la metáfora de fortaleza, un salmista anónimo dijo de la misma manera: "Mas Jehová me ha sido por refugio, y mi Dios por roca de mi confianza" (Sal. 94:22).

"Será también el SEÑOR baluarte para el oprimido, baluarte en tiempos de angustia. En ti pondrán su confianza los que conocen tu nombre, porque tú, oh SEÑOR, no abandonas a los que te buscan." (Sal. 9:9–10 NBLA).

"Te amo, oh Jehová, fortaleza mía. Jehová, roca mía y castillo mío, y mi libertador; Dios mío, fortaleza mía, en él confiaré; mi escudo, y la fuerza de mi salvación, mi alto refugio. Invocaré a Jehová, quien es digno de ser alabado, y seré salvo de mis enemigos" (Sal. 18:1–3).

"Jehová es mi luz y mi salvación; ¿de quién temeré? Jehová es la fortaleza de mi vida; ¿de quién he de atemorizarme?" (Sal. 27:1).

"Pero la salvación de los justos es de Jehová, y él es su fortaleza en el tiempo de la angustia. Jehová los ayudará y los librará; los libertará de los impíos, y los salvará, por cuanto en él esperaron" (Sal. 37:39–40).

"Bendito sea Jehová, mi roca, quien adiestra mis manos para la batalla, y mis dedos para la guerra; misericordia mía y mi castillo, fortaleza mía y mi libertador, escudo mío, en quien he confiado; el que sujeta a mi pueblo debajo de mí" (Sal. 144:1–2).

Para nerds bíblicos (como nosotros) que quieren saber

Cuando David estaba por morir, su hijo Adonías se enalteció y se declaró rey para remplazar a su padre. Adonías hasta planeó un servicio de dedicación y una fiesta para su pretenciosa toma del trono.

Por supuesto, él dejó estratégicamente fuera de la lista de invitados a ciertas personas clave, principalmente a quienes sabía que se opondrían a su ilegítima pretensión de ser el próximo rey de Israel, como David, Betsabé, Salomón (el sucesor legítimo), y otros que apoyaban los planes de David (1 Re. 1:5–10).

Cuando esta noticia llegó a David, se dispuso a cumplir su promesa de que Salomón sería su sucesor efectuando su *propia* celebración de coronación que, por supuesto, fue oficial. Hizo que Salomón montara su propia mula para la unción en Gihón, y luego las celebraciones pacíficas —pero ruidosas— culminaron con Salomón sentándose en el trono oficial de David (vv. 28–40).

Cuando Adonías escuchó sobre el establecimiento oficial de Salomón como rey, temió por su vida. Pero David logró que Salomón se volviera el rey legítimo de un modo pacífico y sin desatar una guerra entre sus hijos (vv. 41–53).

Después de todo, el rey legítimo había sido nombrado hacía mucho tiempo y, aunque fuera difícil de aceptar para algunos, no era necesaria una guerra para establecer al rey legítimo en su puesto legítimo.

Ciertamente, para David, Dios era un verdadero **lugar de seguridad**. A menudo amenazado por sus enemigos, él sabía de dónde provenía el rescate y no era de sus propios recursos, de la fuerza de su ejército ni de su sabiduría terrenal. La esperanza de David estaba en el Dios de su salvación —así como la nuestra debería estar también.

Este estudio bíblico de Juan 12:12–36 acompaña la temporada 5 de *The Chosen* y retoma la historia desde el fin de la temporada 4: el momento conocido como la "Entrada Triunfal", cuando Jesús entró a Jerusalén antes de la Pascua montado en un burro, mientras la gente agitaba ramas de palmera y gritaba "¡Hosanna! ¡Bendito el que viene en el nombre del Señor!".

Curiosamente, en vez del gran espectáculo de la entrada militar de un rey montado sobre un caballo de guerra, Jesús entró a la ciudad de una forma humilde y pacífica, sobre un burro, cumpliéndose así la profecía de Zacarías 9 y dando a conocer que es un tipo de rey muy diferente, uno que trae un *shalom* más profundo que la calma política y más satisfactorio para el alma que la victoria terrenal. Además, Su entrada pacífica presuponía que (a) la victoria *ya* se había obtenido, y que (b) el Rey *ya* se había nombrado.

> A menudo traducida como "paz", la palabra hebrea *shalom* representa mucho más que la ausencia del conflicto o la presencia y cooperación entre personas. También incluye nociones de plenitud, comodidad, contentamiento y la convicción de que todo ha quedado bien entre uno mismo y Dios.

Y... ¿qué tienen que ver los reyes, los caballos y las fortalezas con Jesús, la Entrada Triunfal *y nosotros*? Pues, todo. Porque Jesús es el Rey de Reyes y Señor de Señores (Ap. 19:10–16). Él es el resucitado que salva (Hch. 4:8–12). Él es la única verdadera esperanza de la humanidad para paz, calma y victoria (1 Pe. 1:3–5).

En otras palabras, **Él es la Fortaleza que tanto necesitamos.**

"El siguiente día, grandes multitudes que
habían venido a la fiesta, al oír que Jesús
venía a Jerusalén, tomaron ramas de
palmera y salieron a recibirle, y clamaban:
¡Hosanna!
¡Bendito el que viene en el nombre
del Señor, el Rey de Israel!".

Juan 12:12–13

Lección 1

HOSANNA

CAMINO A JERUSALÉN

Le quedan cinco días de vida a Jesús de Nazaret. Monta un burro, rodeado por sus discípulos y por varios seguidores. Desde los muros de Jerusalén a menos de un kilómetro de distancia, se escucha el rugido de las multitudes.

MULTITUD: ¡Hosanna! ¡Hosanna al Hijo de David! ¡Hosanna en las alturas!

JUDAS *(lleno de felicidad y anticipación)*: ¿Los escuchas? Suenan a multitudes. ¡Ya llegó el momento!

PEDRO *(desbordándose de emoción)*: "El Hijo de David...".

JUAN: ¡¡El Mesías!!

TAMAR *(un poco confundida)*: ¿Hosanna?

MAGDALENA: Significa "sálvanos".

ANDRÉS *(cantando)*: Hosanna al Hijo de David...

TODOS: ¡Hosanna al Hijo de David!

(Mientras caminan, escuchan voces más adelante y a un lado del camino... voltean y ven a Yussif, Gedera y Zebedías. Zé toma una postura defensiva. Juan desenvaina su navaja).

JUAN: ¡Alto! ¡Alto! ¡Aléjense de nosotros!

GEDERA: ¡Tranquilos! ¡Venimos en son de paz!

SANTIAGO EL MAYOR: ¡Intentaste matarnos!

ZEBEDÍAS: Nadie quiere un disturbio.

JUDAS: ¡Juan! ¡Zé! Quiero escuchar qué nos dicen.

ZEBEDÍAS: Si dan la vuelta ahora, les salvará la vida.

JUDAS: ¿Qué? No vamos a hacer eso, nunca.

ANDRÉS: ¿No escuchan los cantos? ¡Parece que están listos para coronarlo como Rey!

GEDERA: ¡Y si te declaran el soberano, Roma nos caerá encima a todos!

JESÚS: Jamás hablé sobre alguna corona terrenal.

ZEBEDÍAS: ¡Vienes sobre un burro! ¡Para quienes conocemos la profecía, el significado no podría ser más claro!

TAMAR *(apartada)*: ¿De qué habla?

FELIPE: De Zacarías y de su profecía del Mesías: "Alégrate, mira, tu rey viene hacia ti, victorioso y humilde, montado en un burro".

ZEBEDÍAS: La gente ni siquiera ha visto el burro aún.

GEDERA: Y, en cuanto lo vean, todo lo que esperaban se habrá confirmado.

JUDAS: ¡Ya está confirmado! ¿No se dan cuenta? ¡Deberían alegrarse! ¡Este es el momento de la salvación de todos! *(Volviéndose a la ciudad, alzando un puño).* ¡Hosanna al Hijo de David!

TODOS: ¡Hosanna al Hijo de David!

(Yussif aparta a Pedro y a Juan).

YUSSIF: Escuchen. No estoy del lado de esos hombres, pero tienen razón. La resurrección de Lázaro cambió todo. Jesús no estará a salvo dentro de la ciudad.

GEDERA: Están clamando por Su asesinato. ¡¿Qué no lo ven?!

ZEBEDÍAS: Maestro, si valoras Tu propia vida, ¡diles a Tus estudiantes que paren!

"Y [al paso de Jesús] tendían sus mantos por el camino. Cuando llegaban ya cerca de la bajada del monte de los Olivos, toda la multitud de los discípulos, gozándose, comenzó a alabar a Dios a grandes voces por todas las maravillas que habían visto, diciendo: ¡Bendito el rey que viene en el nombre del Señor; paz en el cielo, y gloria en las alturas! Entonces algunos de los fariseos de entre la multitud le dijeron: Maestro, reprende a tus discípulos. Él, respondiendo, les dijo: Os digo que si estos callaran, las piedras clamarían".
Lucas 19:36–40

JESÚS *(mirando a la multitud, y luego a Sus discípulos)*: Podría pedirles silencio. Pero les aseguro que si ellos se callan, ¡hasta las piedras que nos rodean comenzarían a clamar!

(Los seguidores gritan. Jesús le da un empujón al burro con sus talones, y avanza).

TODOS: ¡Hosanna! ¡Hosanna!

Aquel que salva

La palabra *hosanna* significa "sálvanos", lo que indica que, cuando Jesús entró en la ciudad, los israelitas esperaban que Él los rescatara de la ocupación romana. Ellos querían que su Mesías fuera un rey montado a caballo, e.d. un fuerte líder militar que condujera a la nación a la victoria y recuperara la posesión de su patria, junto con su posición como el pueblo protegido y fortificado de Dios.

Mesías:
el libertador prometido
de la nación judía.

Resulta que Jesús *sí* vino a salvarlos, pero no como muchos judíos esperaban. Ellos ansiaban ser rescatados de Roma, pero Jesús vino a rescatar al mundo del pecado y la muerte.

Pero ¿no suele ser así? Los humanos tenemos ideas muy arraigadas y precisas sobre lo que pensamos que Dios debería estar haciendo por nosotros, por lo que también solemos medir Su carácter, poder y amor según nuestras circunstancias. Equiparamos las cosas como nuestra felicidad personal a Su bondad eterna. Juzgamos Su acción (o aparente inacción) según lo cómodos que nos sintamos en cualquier momento. Basamos nuestras opiniones de quién es Jesús según como van las cosas.

Para nerds bíblicos (como nosotros) que quieren saber

La palabra *hosanna* se usa para pedir ayuda a Dios. Pero curiosamente se usa como alabanza, no como lamento.

Por ejemplo, el salmo 106 cierra con un *hosanna*:

"Sálvanos [Hosanna], Jehová Dios nuestro, y recógenos de entre las naciones, para que alabemos tu santo nombre, para que nos gloriemos en tus alabanzas. Bendito Jehová Dios de Israel, desde la eternidad y hasta la eternidad y diga todo el pueblo, amén. Aleluya".

En tales contextos, los que claman "Hosanna" tienen tanta esperanza en Dios que en realidad están celebrando.

Eso es lo que vemos en la escena de la Entrada Triunfal de Jesús, cuando los miembros de la multitud miran con gozo a Jesús para que Él sea su fortaleza en su momento de necesidad.

Domingo de Ramos: el domingo antes de la Pascua, cuando se celebra la Entrada Triunfal de Jesús a Jerusalén, cuando el pueblo ondeó ramas de palma y cantó "Hosanna".

Pero al igual que la nación de Israel en aquel primer Domingo de Ramos, nos falta perspectiva y entendimiento.

Y al igual que ellos apenas una semana después, solemos rechazar el rescate que Él ofrece.

Tu turno

1. Reflexiona sobre el episodio 1 y todas las cosas que los judíos del primer siglo anhelaban, y luego considera: ¿*Tú* qué estás esperando que Dios sea o haga por ti?

Lo que es mejor

"Y llamando a la gente y a sus discípulos, les dijo:
Si alguno quiere venir en pos de mí, niéguese a
sí mismo, y tome su cruz, y sígame".
Marcos 8:34

El pueblo judío deseaba una liberación física. Roma había conquistado su nación, la ocupó y se apoderó de ella, así como lo hicieron con más o menos un tercio del mundo conocido. Pero, aunque los romanos mantuvieron un tipo de paz y estabilidad sobre los territorios que ocupaban, preservaban su poder mediante la *pax romana* (que significa "paz romana") —e.d. la imposición de dicha paz reprimiendo despiadadamente la rebelión. También erigieron estatuas de dioses paganos, fomentaron la devoción al emperador e impusieron impuestos elevados.

Los judíos, así como muchos otros, desfallecieron bajo el dominio romano. La autoridad pagana patrullaba las calles de la Tierra Prometida y controlaba sus puertos, por lo que el enemigo no solo rodeó al pueblo judío, sino que lo consumió.

No es de extrañar que anhelaran ser liberados.

Entra Jesús.

El hombre de Nazaret milagrosamente sanó a gente de todo tipo de enfermedad y dolencia (Mt. 2:23; 4:23). Predicó con autoridad sobrenatural (Mt. 7:29). Cumplió profecías y confundió a los líderes religiosos que se opusieron a Él públicamente (Lc. 4:14–21; Mc. 12:13–17). Y, poco antes de entrar a Jerusalén para la Pascua, resucitó a Lázaro (Jn. 11:38–44).

Sin duda, Él era a quien esperaban. Entonces ¿por qué *poco después* lo rechazaron y demandaron Su ejecución (Mt. 27:22–25)? La respuesta es sencilla: porque lo único que buscaban eran señales y milagros (Mc. 8:11–12; Jn. 6:25–29).

Negarse a uno mismo = complacer a Dios en vez de a nosotros mismos.

Tomar tu cruz = rendirse a Jesús, seguirlo, aunque signifique perder la vida; ir y hacer conforme Él nos guíe.

Cuando el pueblo no entendió de inmediato las palabras ni los caminos de Jesús, murmuraron contra Él (Jn. 6:41). Cuando Él les dijo que para vivir en verdad tendrían que negarse a sí mismos y tomar su cruz, se confundieron y se irritaron (Mt. 10:37–39;

Para nerds bíblicos (como nosotros) que quieren saber

En Génesis 12:1–3, Dios prometió a Abraham una TIERRA, un LINAJE y un LEGADO.

Esta promesa se repitió varias veces a Abraham (Gn. 13:14–18; 15:1–21; 17:1–8; 18:18–19; 22:15–19) y a sus descendientes (Gn. 26:1–5, 23–25; 28:13–15; 35:9–12; 50:24–26).

La TIERRA prometida era un territorio a lo largo de la costa sudeste del Mar Mediterráneo.

El LINAJE prometido era la nación de Israel (llamada así en honor al nieto de Abraham).

Este pacto abrahámico (como se suele llamar) es la promesa fundamental del pueblo israelita.

Así, después de cientos de años de cautiverio en Egipto, y mientras los israelitas se regresaban al territorio medio-oriental, era natural llamarla "la tierra que [Dios] prometió dar" (Ex. 12:25; 32:13; Dt. 11:25; 19:8; 27:3; Jos. 23:5; Hch. 7:1–5).

Que una nación pagana controlara la tierra que Dios le prometió a Su pueblo era ofensivo y una señal de maldición, no de bendición, por lo que muchos judíos veían a Roma como un problema por resolver.

Sin embargo, la tercera parte de la promesa siempre involucraba más que la simple independencia política. El LEGADO prometido —que mediante la descendencia de Abraham "serán benditas [...] todas las familias de la tierra" (Gn. 12:3)— ¡es Jesús (Hch. 3:25–26)!

16:24–26; Mc. 8:34–37; Lc. 9:23–25; 14:25–27; 17:33; Jn. 12:25–26). Cuando Él confrontó el pecado y las ganancias ilícitas en los patios del templo, estuvieron del todo ofendidos y no mostraron arrepentimiento (Mc. 11:15–18; Jn. 2: 14–18). Y cuando Jesús habló de otras cosas —cosas más difíciles y eternas— las multitudes perdieron el interés por completo y muchos se apartaron de él (Jn. 6:60–66).

Trágica pero honestamente, muchos de los que conocieron al Mesías en persona querían cosas terrenales más que cosas celestiales. Muchos de nosotros también. Los humanos pecadores queremos las cosas que queremos cuando las queremos. Y, así, perdemos lo que es mejor.

Tu turno

2. ¿De qué formas te has negado a ti mismo para llevar tu cruz y seguir a Jesús?

3. ¿De qué formas no lo has hecho?

4. ¿De qué formas te has perdido de eso que Jesús te ofrece que es mejor?

Retiro

"Venid a mí todos los que estáis trabajados y cargados, y yo os haré descansar. Llevad mi yugo sobre vosotros, y aprended de mí, que soy manso y humilde de corazón; y hallaréis descanso para vuestras almas; porque mi yugo es fácil, y ligera mi carga".

Mateo 11:28–30

¿Qué podría ser mejor en este mundo quebrantado, pecador y desesperado que experimentar un descanso celestial? A decir verdad, nuestra falta de descanso es un problema que todos compartimos sin importar nuestras circunstancias, aunque a menudo intentamos calmar el deseo de nuestras almas de *hosanna* con —imagínate nomás— *cosas terrenales.*

Pero muchas de nuestras luchas y sufrimientos se reducirían si regresáramos a Jesús, a Su yugo y Su descanso, en vez de intentar manejar la vida por nuestra cuenta. Cielos, hasta los que ya lo conocemos y lo amamos *aún* tendemos a depender de nosotros mismos. Trabajamos duro para solucionar nuestros propios problemas, salir adelante, resistir, ser fuertes, estar positivos, cuidarnos, amarnos, protegernos y, eventualmente, vanagloriarnos. Ay, cuánto intentamos ser para nosotros mismos lo que tanto necesitamos de Jesús. Y al mismo tiempo Él está esperando, dispuesto, capaz y **con bastantes recursos para ser nuestra fortaleza** en donde podemos descansar, reagruparnos, reevaluar y realinear nuestros corazones con el Suyo.

> Vanagloriarse: actuar de una forma que hace que uno parezca más poderoso o importante de lo que realmente es.

Para nerds bíblicos (como nosotros) que quieren saber

En los tiempos bíblicos, un yugo de madera unía a dos animales para que combinaran sus fuerzas para jalar una carga pesada. Por sí solo, un buey o un caballo no tenía descanso del arduo trabajo, ayuda en su cansancio ni opciones para cuando el peso le abrumaba —simplemente seguía adelante.

Jesús ofrece compartir nuestro yugo —ayudar con nuestra carga y traer Su fuerza, amor, bondad, fidelidad, misericordia, poder y sabiduría sobrenaturales a nuestras circunstancias.

Solos, no tenemos ayuda, no hay descanso del arduo mundo, ayuda en el cansancio ni opciones cuando las circunstancias se vuelven demasiado difíciles. Pero con Él, lo tenemos a Él.

Su presencia en medio de la adversidad incrementará nuestra fe y nos permitirá no solo soportar, sino también creer que Dios es todo lo que la Biblia dice que es.

Tu turno

5. Enumera las cosas que anhelas pero que la autoayuda no te ha podido dar.

6. ¿En qué aspecto de tu vida necesitas desesperadamente descansar en Jesús o ser rescatado por Él?

7. ¿Qué pasaría si hoy te retiraras hacia Él como tu fortaleza?

Inalterable

"Dios, Dios mío eres tú; de madrugada te buscaré; mi alma tiene sed de ti, mi carne te anhela, en tierra seca y árida donde no hay aguas, para ver tu poder y tu gloria, así como te he mirado en el santuario. Porque mejor es tu misericordia que la vida; mis labios te alabarán. Así te bendeciré en mi vida; en tu nombre alzaré mis manos".

Salmos 63:1–4

Ya sea que los judíos del primer siglo lo supieran o no, era correcto que alabaran y proclamaran a Jesús como el Mesías, Salvador no solo de los judíos, sino del mundo entero. Y, por cierto, el cambio dramático de la multitud no lo desvió de su propósito. El giro de 180 grados de "¡Hosanna!" a "¡Crucifíquenlo!" no cambió quién es o qué vino a hacer. Él *es* el Rey de Israel y de todos los demás, inalterable en Su amor y Su misión.

Esa es la naturaleza de una fortaleza eficaz: permanece.

A decir verdad, nosotros *no* permanecemos. Cuando la vida no sigue nuestro plan, sentimos pánico. Cuando nuestras circunstancias se ponen difíciles, fallamos. Y, cuando nosotros o nuestros seres amados sufren, muchos agitamos el puño hacia el cielo y acusamos a Dios de abandonarnos.

Pero, por supuesto, Él no lo ha hecho. No lo haría. Nunca.

Porque Él es inalterable.

Jesús es *hosanna*, Aquel que nos salva del pecado y nos mantiene firmes hacia la eternidad. Su amor es el ancla para nuestras almas cansadas. Su yugo nos permite descansar. Su poder nos sostiene y nos fortalece mientras permanecemos en Él. Y contemplar Su gloria eleva nuestros corazones y nuestras manos en alabanza mientras repetimos "¡Bendito el que viene en el nombre del Señor!".

Él es la Fortaleza que tanto necesitamos.

Tu turno

8. Lee el salmo 136 y practica "contemplar su poder y su gloria" enumerando todas las formas en que Él (a) salvó a la nación de Israel en el Antiguo Testamento y (b) nos salvará a nosotros.

Propuesta de oración

Señor Jesús, mientras reflexiono sobre Tu entrada intencional a Jerusalén cabalgando sobre un burro, me fascina el simple hecho de que Tú eres el Rey verdadero. No necesitaste probar Tu realeza montando un caballo de guerra porque ya reinabas el mundo desde que lo creaste. En Tu sabiduría perfecta, sabías que la gente que te daba la bienvenida con gritos de "Hosanna" necesitaban una salvación mayor de lo que se daban cuenta. Gracias por hacerme consciente de *mi* necesidad de ser salvo del pecado. Aun mientras espero que regreses y establezcas Tu reinado supremo, tengo cosas difíciles por afrontar de este lado de la eternidad. Por estas cosas, grito "¡Hosanna, sálvame!". Ayúdame a confiar *en* Ti, para poder recibir mi fuerza *de* Ti, para poder vivir fielmente *para* Ti. Amén.

Enfoque de la oración:

Canta "Hosanna" a Jesús, Aquel que salva. Agradécele por lo que hizo en la cruz, por conocer lo mejor y fielmente llevarlo a cabo: nuestra redención. Cuéntale las cargas que llevas en este momento y toma Su yugo de descanso. Pídele que te enseñe más y más cómo permanecer en Él.

EXT. JERUSALÉN

(Jesús sigue el camino hacia un espacio común urbano con luces de fiesta, similar a una plaza central. Un par de músicos tocan una lira y un pandero mientras bailan hombres invitados a la boda. Se sirven copas y comida. Alguien se acerca a un hombre que celebra junto al borde de la fiesta, y reconocemos Su voz).

JESÚS: Me encanta una buena fiesta, pero siento curiosidad... Es más júbilo de lo que se acostumbra en el Pésaj, ¿no? Aunque no me molesta.

HOMBRE QUE CELEBRA: ¡Los padres de Rubén y Rut anunciaron su compromiso!

JESÚS: ¡Ah! ¡Qué maravilla!

(Sin advertencia, se forma una fila de hombres bailando con los brazos alrededor de los hombros, cantando "Lalaylalaylalalaylalayla...").

HOMBRE QUE CELEBRA *(tomando a Jesús del brazo)*: ¡Vamos! ¡Ven!

(Se unen al baile en fila, danzando, saltando y cantando a una. Forman un círculo de baile, con los novios al centro, celebrando. Entre risas, Jesús se deja llevar, se le cae Su capucha y revela Su rostro. Tan absorto en la fiesta, no nota la capucha caída, y continúa cantando y bailando con los hombres. Un niño deja de cantar y mira atónito a Jesús al reconocerlo de la Entrada Triunfal, y lo señala...).

NIÑO: ¡Hosanna! ¡Hosanna al Hijo de David!

NIÑOS: ¡Hosanna! ¡Hosanna en el cielo!

(Cuando los adultos también lo reconocen, quedan boquiabiertos. La música y el baile se detienen. Se oyen solo susurros y suspiros. De repente, como si la respuesta adecuada se les ocurriera a todos, caen de rodillas, postrándose. Los hombres se quitan sus sombreros y descubren su cabeza, como si estuvieran ante un rey).

JESÚS: Gracias, gracias. Por favor, levántense, no hay que llamar la atención. Por favor.

(El futuro esposo habla:).

RUBÉN: Pero ¿qué estás haciendo aquí?

JESÚS: Bueno, salí a caminar. Y, no sé, supongo que... me envolvió su alegría. Felicidades por su compromiso. *(Nadie sabe qué hacer. Es incómodo, pero dulce).* Sigan con su celebración. Esta noche no se trata de Mí. *Shalom, Shalom.*

(Cuando Jesús se voltea para irse, la futura esposa pregunta:).

RUT: ¡Rabí! ¿Nos bendecirás antes de irte?

(Jesús le sonríe con calidez, casi aliviado. Extiende los brazos).

JESÚS: Vengan, Mis hijos.

(Asombrados, Rubén y Rut se le acercan, fascinados. Él posa las manos suavemente sobre sus cabezas).

JESÚS (CONT.): Bendito seas, Señor Dios nuestro, Rey del universo, que creaste el gozo y la alegría, marido y mujer, júbilo, canto, deleite y regocijo, amor y armonía, y paz y compañerismo. Que Dios los bendiga, Rubén y Rut. Que sus hijas sean como Sara, Rebeca, Raquel y Lea, y sus hijos como Efraín y Manasés.

RUBÉN *(a Rut)*: Nuestra unión recibió la bendición de el Hijo de David.

JESÚS: Y a todos los presentes esta noche, que la luz del banquete pascual ilumine su interior, que con anhelos divinos y mentes puras ustedes alcancen el festival de la luz eterna del reino que voy a traer a este mundo. *(Muchos quedan asombrados por esto último. ¡¿Qué está pasando?! Justo antes de darse la vuelta para irse...).*

Pascua, o Pésaj en hebreo, significa pasar por alto y es la celebración anual que conmemora el rescate de Dios de los israelitas de su esclavitud en Egipto.

Los primogénitos de los israelitas fueron protegidos (e.d. fueron pasados por alto) durante la última plaga sobre Egipto que convenció al faraón para dejar que Moisés condujera a los israelitas en su éxodo a la libertad (véase Ex. 12:29–50).

Chag Pesach Sameach es un saludo tradicional hebreo de Pascua que significa "Felices fiestas de Pascua".

JESÚS (CONT.): *Chag Pesach Sameach*, amigos. *(Un murmullo atónito de "Chag Pesach Sameach" emana del grupo. Pero un niño pequeño es valiente y seguro de sí mismo, y le grita con entusiasmo por última vez:).*

NIÑO: ¡¡Hosanna!!

(Jesús se ríe para Sí mientras se aleja, acomodando la capucha de nuevo sobre Su cabeza).

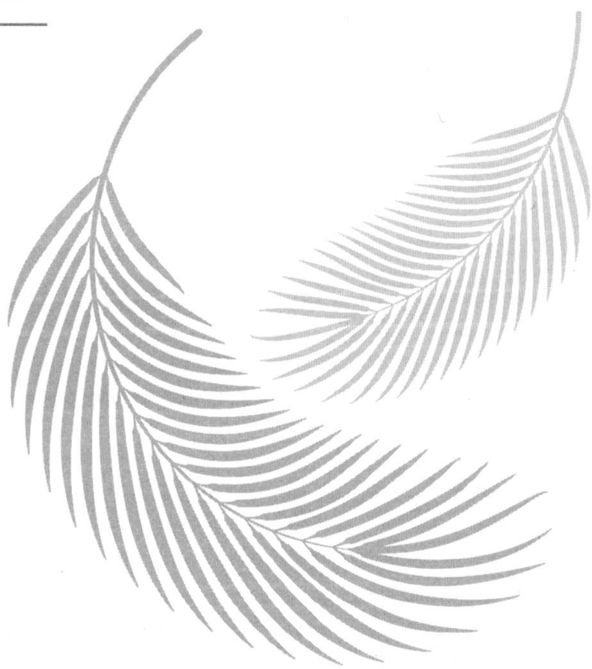

"Y halló Jesús un asnillo, y montó sobre él, como está escrito: No temas, hija de Sion; he aquí tu Rey viene, montado sobre un pollino de asna. Estas cosas no las entendieron sus discípulos al principio; pero cuando Jesús fue glorificado, entonces se acordaron de que estas cosas estaban escritas acerca de él, y de que se las habían hecho".

Juan 12:14–16

Lección 2

PROFETIZADO

INT. APOSENTO ALTO - NOCHE

La escena comienza con el rostro de Jesús, iluminado por la luz cálida de lámparas de aceite; Sus ojos brillan con una combinación de amor, tristeza y una curiosidad casi irónica. Su tono indica que responde a una declaración extrema.

"Alégrate mucho, hija de Sion; da voces de júbilo, hija de Jerusalén; he aquí tu rey vendrá a ti, justo y salvador, humilde, y cabalgando sobre un asno, sobre un pollino hijo de asna".
Zacarías 9:9

JESÚS: ¿Seguro? ¿Darías la vida por Mí?

(Suena como un desafío, pero la pregunta se hace con amor. Aun así, el ambiente en la habitación se siente tenso).

JESÚS (CONT.): Me queda poco por decir, así que por favor escuchen atentos. ¿Recuerdan cuando les dije que salieran de dos en dos?

NATANAEL: ¿Cómo olvidarlo?

JESÚS: Les dije que no llevaran monedero, ni bolsa, ni sandalias. ¿Y alguna vez les faltó algo?

PEDRO: Nunca.

JESÚS: Nunca. Pero antes era mucho más fácil. Porque servían a su propia gente, y ellos los querían ahí. Escuchaban su mensaje. Nuestro ministerio crecía y había poca resistencia. De ahora en adelante será diferente. El mundo los recibirá con hostilidad. La nación ya me rechazó, y ahora los rechazará a ustedes. Porque ustedes no pertenecen al mundo. Porque Yo los elegí y los saqué de él. Por eso el mundo los odia. Ahora el que tenga un monedero, que lo lleve. Y asimismo, una bolsa. Y, si no tienen una espada, vendan su túnica y compren una.

SIMÓN Z *(buscando en un bolso largo, saca...)*: Maestro. Sí las tenemos, dos espadas. Aunque no son suficientes para defender a doce hombres de ataques violentos.

JUAN: Solo once.

(Jesús mira de reojo a Juan, y vuelve a mirar a Simón Z).

JESÚS: Serán suficientes.

SIMÓN Z: Venderemos las túnicas y compraremos más para protegernos bien.

JESÚS: Por ahora no necesitan más. Mi punto es que deberían prepararse para la hostilidad y la persecución, pero en última instancia su protección vendrá de los cielos.

NATANAEL: Yo sigo sin entenderlo. Hablas de abandonarnos. Dices que nos preparemos, que dejarás a alguien para ayudarnos. ¿Por qué no te quedas, Rabí? ¿Para qué todo esto si te tenemos? Y estamos todos juntos.

JESÚS: Esta noche todos ustedes se dispersarán por Mi causa.

ANDRÉS: ¿¿Qué??

SIMÓN Z: ¡No, claro que no!

JESÚS: Zacarías lo dijo: "Herido el pastor, entonces las ovejas se dispersarán". Pero después de haber resucitado, iré delante de ustedes a Galilea.

"Hiere al pastor, y serán dispersadas las ovejas; y haré volver mi mano contra los pequeñitos". Zacarías 13:7

PEDRO *(desafiante y dramático)*: Aunque todos los demás se apartaran, yo jamás me apartaría de Ti!

JESÚS *(exhausto y triste)*: Simón, Simón, escucha bien.

PEDRO *(indignado)*: ¿¡SIMÓN!?

(Andrés palidece al escuchar el uso de su anterior nombre).

JESÚS: Satanás los ha reclamado a ustedes para zarandearlos como al trigo. Pero he rogado por ti, para que no desfallezca tu fe. Y para que, al volver a Mí, fortalezcas a tus hermanos.

PEDRO: Bueno, no sé de qué estás hablando cuando dices que Satanás quiere zarandearnos. Pero te juro por la tumba de mi Ima que estoy listo para ir contigo tanto a prisión como a la muerte.

JESÚS: Pedro, les estoy advirtiendo de todo lo que pasará esta noche y después para que cuando suceda, sepan que todo es parte del plan de Dios y que Yo soy quien digo que soy. Y así te digo... que incluso tú... tres veces habrás negado siquiera conocerme antes de que el gallo cante hoy.

(Todos jadean).

PEDRO: ¡No, no! ¡Aunque tenga que morir contigo, nunca voy a negarte!

SIMÓN Z: Solo Dios es el Señor hasta la muerte.

ANDRÉS: ¡Yo también moriré contigo!

JESÚS: Nadie muestra más amor, que quien entrega la vida por sus amigos.

PEDRO: ¿Es eso lo que tenemos que hacer?

JESÚS: Es lo que Yo haré.

> "Pedro le dijo: Aunque me sea necesario morir contigo, no te negaré. Y todos los discípulos dijeron lo mismo".
> Mateo 26:35

Para que ustedes crean

"Y ahora os lo he dicho antes que suceda,
para que cuando suceda, creáis".
Juan 14:29

Hay pocas cosas más atractivas en la vida que las profecías que se cumplen, porque los humanos anhelamos ver el futuro. En realidad, es que nos inquieta lo desconocido. Desde cartas de tarot hasta hojas de té, desde galletas de la fortuna hasta horóscopos, desde ver programas de TV sobre videntes y sus fantasmas hasta llamar las líneas telefónicas psíquicas, inventamos formas para intentar discernir las cosas venideras.

Porque queremos saber.

A menos, claro, que el futuro sea terrible, en cuyo caso la mayoría de nosotros coincidimos en que sería mejor *no* saber. Ciertamente, si alguien nos dijera la hora, el lugar y el modo de nuestra muerte, viviríamos con miedo. Atentos al reloj. Temiendo lo inevitable.

Porque a veces saber es una carga demasiado pesada para soportar.

Mas ¿qué mayor prueba de la omnisciencia que saber distinguir el principio del final? A propósito, ¿qué mayor demostración de omnipotencia que crear las cosas? Cosas como la hora, el lugar, el modo y la *persona* exactas mediante las cuales entraría la salvación al mundo. ¿Qué mayor prueba de la omnibenevolencia que la invitación de Dios a que todos se salven? Y ¿qué pensamiento más consolador que el hecho de que Aquel que es omnipresente protege y provee a quienes elegimos confiar en Él?

Resulta que las profecías antiguas fueron dadas para que creyéramos que Jesús es todo esto y más.

Profecía:
un mensaje de Dios para Su pueblo; el presagio o la predicción de lo que vendrá; algo que es presentado y declarado por un profeta, especialmente una orden o exhortación divinamente inspirada.

Es importante resaltar que a veces la profecía no solo se trata de lo que Dios planea hacer, sino también de lo que Dios quiere que Su pueblo haga en el presente.

Así, la profecía puede servir para revelar, declarar o exhortar.

Omnisciencia:
el estado de saberlo todo.

Omnipotencia:
la cualidad de tener poder ilimitado.

Omnibenevolencia:
tener bondad, amor y misericordia perfectos.

Omnipresencia:
la propiedad de estar presente en todo lugar y todo tiempo.

Tu turno

1. Reflexiona sobre el episodio 2 y la confusión y preocupación que los discípulos experimentaron, especialmente cerca del final del ministerio de Jesús, y luego considera: ¿***tú*** qué anhelas saber que el Todopoderoso ya sabe?

Aclarando

"En el principio era el Verbo, y el Verbo era con Dios, y el Verbo era Dios. Este era en el principio con Dios. Todas las cosas por él fueron hechas, y sin él nada de lo que ha sido hecho, fue hecho. En él estaba la vida, y la vida era la luz de los hombres. La luz en las tinieblas resplandece, y las tinieblas no prevalecieron contra ella.

Hubo un hombre enviado de Dios, el cual se llamaba Juan. Este vino por testimonio, para que diese testimonio de la luz, a fin de que todos creyesen por él. No era él la luz, sino para que diese testimonio de la luz.

Aquella luz verdadera, que alumbra a todo hombre, venía a este mundo".

Juan 1:1–9

El Verbo estaba en el principio, antes de los cielos y la tierra, antes del sol, la luna y las estrellas, antes de todos los animales y todas las personas y los imperios que construyeron... y destruyeron. El Verbo estaba antes de todo porque Él lo creó todo. Todo fue hecho mediante Su palabra; quizás por ello se le llame a Jesús el Verbo: por Su palabra existió todo lo que vemos en el mundo a nuestro alrededor, y por Su palabra hay luz, sabiduría, sanidad y esperanza.

Porque Jesús da vida. Él *es* la vida.

No solo las palabras que Jesús habló *formaron al mundo*, sino que Su cumplimiento de las palabras de los profetas *cambió al mundo*. Desafortunadamente para muchos judíos del primer siglo, la identidad y el reino del Mesías fueron muy diferentes de lo que habían imaginado que significaban las profecías. Específicamente, muchos de los testigos de la entrada de Jesús a la ciudad en aquel primer Domingo de Ramos no comprendieron por completo la importancia del momento. No entendieron que Jesús estaba cumpliendo la profecía de Zacarías 9:9, por lo que, a pesar de sus proclamaciones en aquel día, en realidad no creían que Él era *hosanna*, Aquel que salva.

Israel quería un rey literal que los rescatara de Roma, de la pobreza, de la opresión, de la labor, de la enfermedad, de la debilidad. Querían un rey que les diera poder sobre sus opresores, venganza contra sus enemigos, éxito para sus planes y libertad del temor. Querían un rey que ejecutara su idea de lo que significa sentirse protegidos y seguros.

"Por tanto, cuando resucitó de entre los muertos, sus discípulos se acordaron que había dicho esto; y creyeron la Escritura y la palabra que Jesús había dicho". Juan 2:22

"Estas cosas no las entendieron sus discípulos al principio; pero cuando Jesús fue glorificado, entonces se acordaron de que estas cosas estaban escritas acerca de él, y de que se las habían hecho". Juan 12:16

Rey cliente: gobernador comprometido con Roma en una alianza desigual, cuyo reinado dependía de la aprobación continua de Roma.

Por si fuera poco, incluso Sus discípulos más cercanos malinterpretaron lo que pasaba; no lo entendieron hasta después de que Jesús resucitó y ascendió al cielo.

A decir verdad, eso también es cierto para nosotros... procesamos lento. En nuestra defensa, no estuvimos ahí para presenciar la vida y el ministerio de Jesús, aunque tenemos el beneficio de los testimonios de quienes sí estuvieron. Sin embargo, aún nos sentimos tentados a tener expectativas muy específicas de lo que queremos que Jesús haga por nosotros como Rey. Y, similar a los israelitas, más que nada queremos que sea un rey cliente como Herodes Antipas, para que podamos jugar el papel de Roma y decirle a Él qué hacer. Pero, si damos crédito a los profetas (como Juan el Bautista, Zacarías y David, por mencionar algunos), debemos rendirnos ante Jesús como Señor, ¡porque Él lo es todo! Esto significa que debemos darle acceso a todo en nuestras vidas, y permitir que Él limpie las partes de nuestros corazones donde las preocupaciones mundanas se han arraigado. Debemos acoger Sus prioridades como nuestras. Y debemos esforzarnos por retener las bendiciones, las provisiones y las protecciones que resultan de seguir a Aquel que estuvo ahí en el principio.

Tu turno

2. Lee Mateo 16:13–20. ¿Quién dices ***tú*** que es Jesús?

3. Si Jesús es el Cristo (e.d. el Mesías, el Salvador, el Hijo del Dios Viviente), y te has rendido por completo a Él, ¿cuál debería ser tu respuesta cuando haya problemas?

4. ¿Por qué saber que Jesús estaba ahí "en el principio" debería aumentar tu fe en Su capacidad de manejar tus circunstancias presentes?

El Anciano de días y Jesús

"Vosotros sois mis testigos, dice Jehová, y mi siervo que yo escogí, para que me conozcáis y creáis, y entendáis que yo mismo soy; antes de mí no fue formado dios, ni lo será después de mí. Yo, yo Jehová, y fuera de mí no hay quien salve. Yo anuncié, y salvé, e hice oír, y no hubo entre vosotros dios ajeno. Vosotros, pues, sois mis testigos, dice Jehová, que yo soy Dios. Aun antes que hubiera día, yo era; y no hay quien de mi mano libre. Lo que hago yo, ¿quién lo estorbará?".

Isaías 43:10–13

¿Qué fortaleza podría ser más segura que el Dios Creador Todopoderoso? Él fue lo primero, es decir que no hubo otros dioses antes de Él, ni los habrá después. En el libro de Daniel en el Antiguo Testamento, Dios es llamado el *Attiq Yomin*, que traducido es el "Anciano de días", no en referencia a un gobernador anciano cuya edad lo hubiera debilitado, claro, sino al gobernante divino, eterno y todopoderoso.

Para nerds bíblicos (como nosotros) que quieren saber

Pensar en el Anciano de días y en Jesús nos invita a considerar el misterio de la Trinidad, es decir, la enseñanza bíblica de que Dios es tres personas —Padre, Hijo y Espíritu Santo— en un solo ser divino y eterno.

La divinidad de Jesús como se muestra en *The Chosen* viene de las enseñanzas claras del NT. El papel de Jesús en la creación es claro en Juan 1:1–9 y Colosenses 1:16–20.

Además, el título favorito de Jesús para Sí mismo, el Hijo del Hombre (Mc. 2:10, 28; 8:31; 9:31; 10:33–34; 13:26; 14:62), proviene del pasaje sobre el Anciano de días en Daniel 7 que dice: "con las nubes del cielo venía uno como un hijo de hombre, que vino hasta el Anciano de días, y le hicieron acercarse delante de él. Y le fue dado dominio, gloria y reino, para que todos los pueblos, naciones y lenguas le sirvieran; su dominio es dominio eterno, que nunca pasará, y su reino uno que no será destruido" (vv. 13–14).

Incluso los pasajes de "Alfa y Omega" en Apocalipsis parecen tratarse de Jesús, pues Él es "El primero y el postrero, el que estuvo muerto y vivió" (Ap. 1:17; 2:8; 21:6; 22:12–13).

En resumen, Dios cumple Su palabra con Su Verbo. Y mediante Su Verbo tenemos acceso a Dios.

Daniel tuvo una visión de Dios en su fuerza todopoderosa:

"Estuve mirando hasta que fueron puestos tronos, y se sentó un Anciano de días, cuyo vestido era blanco como la nieve, y el pelo de su cabeza como lana limpia; su trono llama de fuego, y las ruedas del mismo, fuego ardiente. Un río de fuego procedía y salía de delante de él; millares de millares le servían, y millones de millones asistían delante de él; el Juez se sentó, y los libros fueron abiertos" (Dn. 7:9–10).

Y en el libro de Apocalipsis en el Nuevo Testamento, Dios es llamado el Alfa y el Omega: "Yo soy el Alfa y la Omega, principio y fin, dice el Señor, el que es y que era y que ha de venir, el Todopoderoso" (Ap. 1:8; 21:6; 22:13).

Alfa = Principio; alfa es la primera letra del alfabeto griego.

Omega = Fin; omega es la última letra del alfabeto griego.

Piénsalo: Dios es todopoderoso *y* eterno. No hay nada en la tierra que no haya enfrentado, nada lo sorprende, nada es demasiado grande, fuerte, extraño o confuso para que lo enfrente, nada puede alterar Sus planes, nada puede abrumar o superar Su bondad, misericordia y amor.

Y Jesús, el Hijo del Hombre, nos da acceso al Anciano de días y sirve como nuestra fortaleza. Según Él, nada puede librarnos de Su mano (Is. 43:13). Así que, aunque las cosas difíciles de la vida puedan intimidarnos, espantarnos y desorientarnos como simples seres humanos, Dios permanece soberano y tiene el control —cosa que Él nos ha dicho una y otra vez, mediante los profetas y las profecías del Antiguo y el Nuevo Testamento.

Tu turno

5. ¿De qué manera el que Jesús sea el Creador **y** Aquel que nos da acceso al Anciano de días refuerza tu confianza en Él como tu fortaleza?

6. Lee los versículos al margen. ¿De qué manera la certeza, seguridad y credibilidad de las palabras de Jesús refuerzan tu confianza en Él como tu fortaleza?

7. ¿De qué manera las profecías que Jesús cumplió refuerzan tu confianza en Él como tu fortaleza?

*A propósito: En este episodio de *The Chosen*, Jesús cumple profecías de un modo severo al purificar los patios del templo. Pero a veces lo que nos parece severo es en realidad juicio santo y justicia. ¿Cómo te sientes de que Jesús cumpla verdades difíciles?

"El cielo y la tierra pasarán, pero mis palabras no pasarán". Mateo 24:35

"Yo soy la resurrección y la vida; el que cree en mí, aunque esté muerto, vivirá. Y todo aquel que vive y cree en mí, no morirá eternamente". Juan 11:25–26

"Os he dicho estas cosas estando con vosotros. Mas el Consolador, el Espíritu Santo, a quien el Padre enviará en mi nombre, él os enseñará todas las cosas, y os recordará todo lo que yo os he dicho. La paz os dejo, mi paz os doy; yo no os la doy como el mundo la da. No se turbe vuestro corazón, ni tenga miedo". Juan 14:25–27

Para nerds bíblicos (como nosotros) que quieren saber

<table>
<tr><th colspan="2">LA FIDELIDAD DE DIOS AL CUMPLIR SUS PROMESAS EN JESÚS</th></tr>
<tr><th>Salmos proféticos</th><th>Sobre Jesús en Hechos 13:26–39</th></tr>
<tr><td>"Él es Jehová nuestro Dios;
en toda la tierra están sus juicios.
Se acordó para siempre de su pacto;
de la palabra que mandó para mil generaciones,
la cual concertó con Abraham,
y de su juramento a Isaac.
La estableció a Jacob por decreto,
a Israel por pacto sempiterno,
diciendo: A ti te daré la tierra de Canaán como
porción de vuestra heredad" (Sal. 105:7–11).</td><td rowspan="6">"Varones hermanos, hijos del linaje de Abraham, y los que entre vosotros teméis a Dios, a vosotros es enviada la palabra de esta salvación. Porque los habitantes de Jerusalén y sus gobernantes, no conociendo a Jesús, ni las palabras de los profetas que se leen todos los días de reposo, las cumplieron al condenarle. Y sin hallar en él causa digna de muerte, pidieron a Pilato que se le matase. Y habiendo cumplido todas las cosas que de él estaban escritas, quitándolo del madero, lo pusieron en el sepulcro. Mas Dios le levantó de los muertos. Y él se apareció durante muchos días a los que habían subido juntamente con él de Galilea a Jerusalén, los cuales ahora son sus testigos ante el pueblo. Y nosotros también os anunciamos el evangelio de aquella promesa hecha a nuestros padres, la cual Dios ha cumplido a los hijos de ellos, a nosotros, resucitando a Jesús; como está escrito también en el salmo segundo: Mi hijo eres tú, yo te he engendrado hoy.

Y en cuanto a que le levantó de los muertos para nunca más volver a corrupción, lo dijo así: Os daré las misericordias fieles de David. Por eso dice también en otro salmo: No permitirás que tu Santo vea corrupción.

Porque a la verdad David, habiendo servido a su propia generación según la voluntad de Dios, durmió, y fue reunido con sus padres, y vio corrupción. Mas aquel a quien Dios levantó, no vio corrupción. Sabed, pues, esto, varones hermanos: que por medio de él se os anuncia perdón de pecados, y que de todo aquello de que por la ley de Moisés no pudisteis ser justificados, en él es justificado todo aquel que cree".</td></tr>
<tr><td>"¿Por qué se amotinan las gentes,
y los pueblos piensan cosas vanas?
Se levantarán los reyes de la tierra,
y príncipes consultarán unidos
contra Jehová y contra su ungido" (Sal. 2:1–2).</td></tr>
<tr><td>"Jehová me ha dicho: Mi hijo eres tú;
yo te engendré hoy.
Pídeme, y te daré por herencia las naciones,
y como posesión tuya los confines
de la tierra" (Sal. 2:7–8).</td></tr>
<tr><td>"Mas no quitaré de él mi misericordia,
ni falsearé mi verdad.
No olvidaré mi pacto,
ni mudaré lo que ha salido de mis labios.
Una vez he jurado por mi santidad,
y no mentiré a David.
Su descendencia será para siempre,
y su trono como el sol delante de mí" (Sal. 89:33–36).</td></tr>
<tr><td>"Porque no dejarás mi alma en el Seol,
ni permitirás que tu santo vea
corrupción" (Sal. 16:10).</td></tr>
<tr><td>"JAH, si mirares a los pecados,
¿quién, oh Señor, podrá mantenerse?
Pero en ti hay perdón,
para que seas reverenciado.
Esperé yo a Jehová, esperó mi alma;
en su palabra he esperado" (Sal. 130:3–5).</td></tr>
</table>

Aún por venir

"Por mí mismo hice juramento, de mi boca salió palabra en justicia, y no será revocada: Que a mí se doblará toda rodilla, y jurará toda lengua".

Isaías 45:23

"Haya, pues, en vosotros este sentir que hubo también en Cristo Jesús, el cual, siendo en forma de Dios, no estimó el ser igual a Dios como cosa a que aferrarse, sino que se despojó a sí mismo, tomando forma de siervo, hecho semejante a los hombres; y estando en la condición de hombre, se humilló a sí mismo, haciéndose obediente hasta la muerte, y muerte de cruz. Por lo cual Dios también le exaltó hasta lo sumo, y le dio un nombre que es sobre todo nombre, para que en el nombre de Jesús se doble toda rodilla de los que están en los cielos, y en la tierra, y debajo de la tierra; y toda lengua confiese que Jesucristo es el Señor, para gloria de Dios Padre".

Filipenses 2:5–11

"Y a todo lo creado que está en el cielo, y sobre la tierra, y debajo de la tierra, y en el mar, y a todas las cosas que en ellos hay, oí decir: Al que está sentado en el trono, y al Cordero, sea la alabanza, la honra, la gloria y el poder, por los siglos de los siglos".

Apocalipsis 5:13

El mundo no solo comenzó con Jesús; también terminará con Él. Las profecías en Isaías, Filipenses y Apocalipsis aún faltan por cumplirse, pero nos aseguran que un día toda rodilla se doblará ante el Rey de Reyes y Señor de Señores. Y eso significa que nuestro deseo por conocer el futuro se satisface en las Escrituras, porque hay cosas que sí podemos saber (al menos en parte) y ninguna de ellas infunden miedo o temor:

- En Jesús, tenemos esperanza (1 Pe. 1:3–5).
- En Jesús, tenemos la promesa de la victoria sobre el pecado y la muerte (Rom. 6:5–11).
- En Jesús, tenemos confianza, sabiendo que nuestro sufrimiento cesará (Ap. 21:4; 22:1–5).
- En Jesús, tenemos seguridad de que habrá equidad y justicia bajo Su reino eterno (Is. 2:4; Ap. 22:12–13).
- En Jesús, tenemos la garantía de Su presencia y protección mientras esperamos que comience la eternidad (Dt. 31:6; Mt. 28:20).

Por lo tanto **Él es la Fortaleza que tanto necesitamos.**

Tu turno

8. Busca los versículos anteriores en tu Biblia y enumera aún más cosas que podemos saber.

Enfoque de la oración

Reconoce a Jesús como el Alfa y el Omega, el Creador y el Rey —y tu acceso al Anciano de días. Alábalo por ser soberano sobre todo lo que ves, lo que conoces y lo que *no* conoces, incluso las cosas difíciles. Pídele la voluntad para obedecer Sus palabras, aun las difíciles e inconvenientes. Pídele que haga crecer tu confianza en Sus palabras, incluso las que aún no se han cumplido, para que tu esperanza en Él quede firmemente establecida.

Propuesta de oración

Amado Rey Jesús, entiendo que Tu entrada a Jerusalén sobre la espalda de un burro fue el cumplimiento de una profecía de las Escrituras. Pero admito que, al igual que Tus primeros seguidores, no siempre entiendo Tus caminos omniscientes, omnipotentes y omnipresentes *sino hasta después*. Pero, porque Tú eres el Principio y el Fin, el Creador y sustentador de la vida y el Mesías prometido, sé que eres el *único* camino para entrar a una relación correcta con Dios. Gracias por ser confiable, por amarme a pesar de mi tendencia a rebelarme y por buscarme con persistencia y soberanía. Ayuda a que crezca mi confianza en Ti y en Tu Palabra, incluyendo las partes difíciles. Establece firmemente mi esperanza en Ti. Amén.

EXT. JERUSALÉN. PATIO DE LOS GENTILES

Jesús lleva puesta su mochila, lo que es de extrañarse en el templo. Mira a su alrededor alterado.

JESÚS *(a Sí mismo)*: Ay, Jerusalén, Jerusalén.

MUJER CON CARRETILLA: ¡Disculpa! ¡Tienes que avanzar!

JESÚS *(voltea y ve que jala una carretilla con comida)*: ¿Qué estás haciendo? ¿Por qué estás metiendo comida aquí?

Más profecía:
"El celo por tu casa me consume; sobre mí han recaído las burlas de los que te insultan".
Salmos 69:9 (NVI)

Más cumplimiento:
"Después de esto descendieron a Capernaúm, él, su madre, sus hermanos y sus discípulos; y estuvieron allí no muchos días. Estaba cerca la pascua de los judíos; y subió Jesús a Jerusalén, y halló en el templo a los que vendían bueyes, ovejas y palomas, y a los cambistas allí sentados. Y haciendo un azote de cuerdas, echó fuera del templo a todos, y las ovejas y los bueyes; y esparció las monedas de los cambistas, y volcó las mesas; y dijo a los que vendían palomas: Quitad de aquí esto, y no hagáis de la casa de mi Padre casa de mercado. Entonces se acordaron sus discípulos que está escrito: El celo de tu casa me consume".
Juan 2:12–17

MUJER CON CARRETILLA: La estoy llevando al mercado. Es un atajo.

JESÚS: Es un lugar para adorar al Padre. No es un atajo.

MUJER CON CARRETILLA: Déjame pasar.

JESÚS *(mirándola fijamente)*: No. Retrocede y vete de aquí. Ahora.

(Lentamente pero con seguridad ella se da la vuelta para irse. Jesús camina unos pasos y llega a la mesa del cambista).

CAMBISTA *(mirando a Jesús)*: ¿Con cuál moneda pagarás?

JESÚS: El templo antes se llenaba con el sonido de plegarias y alabanzas a Mi Padre.

CAMBISTA: ¿Tu padre?

JESÚS: Ya no escucho esas alabanzas por el sonido de los animales y todos ustedes discutiendo por los precios. Que a Mí me suena a lo mismo.

CAMBISTA: Está bien, ¿con cuál moneda pagarás?

(Jesús se aleja, y el cambista llama la atención del siguiente cliente. Vemos a Jesús poner Su mochila en el suelo. Lentamente la abre y saca un látigo. La toma se acerca a Su rostro cada vez más enfadado. Sus dedos aprietan el látigo. Se para derecho, mira la mesa del cambista y camina hacia allá con determinación. El cambista a penas lo percibe cuando Jesús toma la mesa y la voltea, echando monedas al aire. Santiago el Mayor no puede creer lo que está viendo).

CAMBISTA: ¿¡QUÉ ESTÁS HACIENDO!?

(Las palabras pasan ignoradas y es demasiado tarde. Jesús voltea otra mesa mientras la gente grita sorprendida).

JESÚS: ¡¡Largo!! ¡Lárguense todos!

(La multitud a su alrededor se dispersa, y Él se queda solo. Pero rompe el silencio con otro latigazo Suyo. Más gente se dispersa, mientras Él camina por el patio gritando y volcando más y más puestos. Jesús quita la débil puerta de madera de un corral de vacas, y hace que salgan en estampida hacia la multitud. Juan y Santiago el Mayor llegan a la escena, boquiabiertos, incrédulos. Jesús empuña el látigo y se acerca a un vendedor de aves).

JESÚS: ¡Saca esto de aquí! ¡Deja de hacer un mercado de la casa de Mi Padre!

(Él toma dos cajas y libera algunas palomas. El vendedor de aves intenta alcanzar las cajas y las palomas mientras escapan, pero Jesús le vuelca su mesa encima).

JESÚS (CONT.): ¡Miren lo que le han hecho a la casa de Mi Padre! ¡LÁRGUENSE!

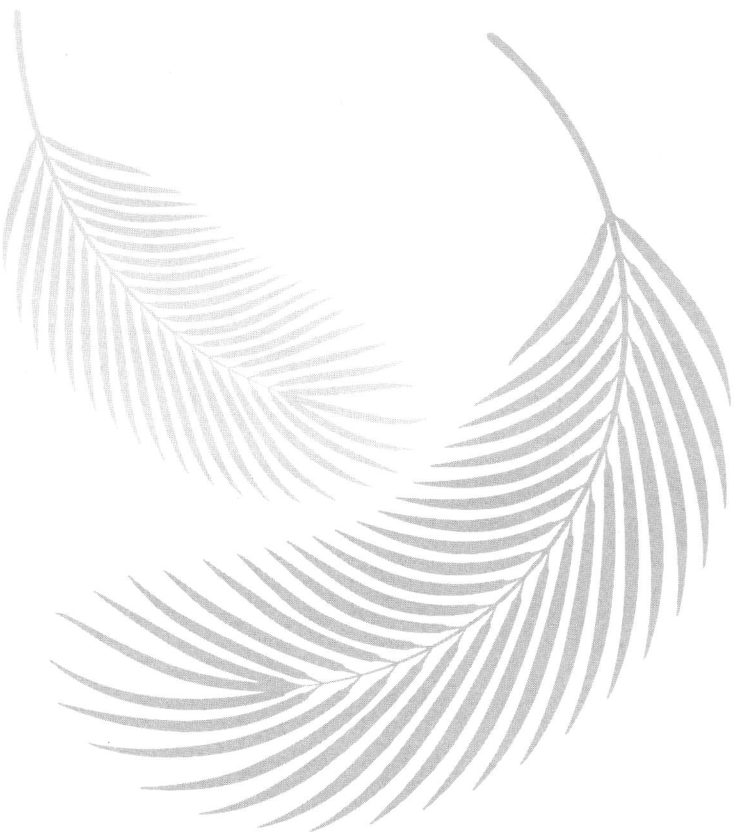

“Y daba testimonio la gente que estaba con él cuando llamó a Lázaro del sepulcro, y le resucitó de los muertos. Por lo cual también había venido la gente a recibirle, porque había oído que él había hecho esta señal”.

Juan 12:17–18

Lección 3

RESUCITADO

INT. APOSENTO ALTO - NOCHE

(Jesús y los discípulos se sientan a la mesa de la Última Cena).

JESÚS: A donde Yo voy, no puedes seguirme ahora. Pero me seguirás más adelante.

ANDRÉS: ¿Después de qué?

MATEO: ¿Cuándo?

JESÚS: Que no se angustien sus corazones. En la casa de Mi Padre hay lugar para todos. Me voy para prepararles ese lugar. Cuando todo esté listo, volveré para llevarlos conmigo para que estén siempre donde yo esté. Y ustedes conocen el camino que lleva a donde voy.

TOMÁS *(confundido)*: Señor, no tenemos idea de a dónde irás. ¿Cómo vamos a conocer el camino?

JESÚS: Yo soy el camino, la verdad y la vida. Nadie puede ir al Padre si no es por medio de Mí.

FELIPE: Señor, muéstranos al Padre. Con eso nos conformamos.

JESÚS: He estado con ustedes todo este tiempo, ¿y todavía no sabes quien soy, Felipe? Quien me ha visto a Mí ya ha visto al Padre. ¿Cómo puedes decir "Muéstranos al Padre"? ¿Acaso no creeen que Yo estoy en el Padre y que el Padre está en Mí? He hecho muchas obras ante sus propios ojos. Y si no pueden creer que Yo estoy en el Padre y que el Padre está en Mí, al menos créanme por las obras mismas.

FELIPE: Nunca dije que no lo creyera. Solo estoy intentando entender. Estás diciendo que vas a dejarnos, y que a donde irás, no podemos ir. Pero, ¿cuándo te vas?

MATEO: Y, mientras tanto, ¿cómo sabremos qué hacer sin Ti?

JESÚS: No los dejaré huérfanos. Les enviaré a un Consejero que estará por siempre con ustedes —el Espíritu Santo. Lo conocen porque habita en ustedes y siempre estará presente.

NATANAEL: ¿Él? ¿Otra persona?

JUAN: Solo te queremos a Ti.

SANTIAGO EL MENOR: Si, te amamos a Ti.

JESÚS: El que escucha mis mandamientos y los cumple ese es quien me ama. Todo esto lo digo ahora que estoy con ustedes. Pero el Consejero, el Espíritu Santo, a quien el Padre eviará en Mi nombre les enseñará todas las cosas; les hara recordar y entender todo lo que he dicho. Sé que todo esto es inquietante.

NATANAEL: Al igual que casi todo lo que has dicho esta semana.

JESÚS: Lo sé. Pero... la paz es lo que les dejo. Mi paz es lo que les doy. Que su corazón no se atormente. Tampoco quiero que tengan miedo. Me oyeron decirles que me voy a ausentar y que volveré a ustedes. Si me aman, deben alegrarse de que vaya al Padre. Porque el Padre es más grande que Yo. Y se los digo ahora, antes de que algo pase, para que cuando pasen todas esas cosas sepan tener fe.

Vibras de superhéroe

A la mayoría de la gente le gustan las historias de superhéroes, con sus identidades secretas, tramas de alto riesgo, poderes sobrenaturales y crueles villanos. El villano despiadado termina vencido por el héroe humilde, quien entra en escena justo a tiempo para salvar el día.

De hecho, es una historia popular para quienes conocemos (y amamos) el Evangelio, porque Jesús *es* ese protagonista: “Porque de tal manera amó Dios al mundo, que ha dado a su Hijo unigénito [Jesús], para que todo aquel que en él cree, no se pierda, mas tenga vida eterna” (Jn. 3:16).

En resumen, podemos vivir porque el héroe de la historia aún vive.

Sucedió así: a petición de algunos judíos del primer siglo, Jesús fue crucificado por los romanos (Mt. 27:15–26; Mc. 15:11–15; Lc. 23:13–25; Jn. 19:1–16), y después fue enterrado en la tumba de José de Arimatea (Mt. 27:59–60). Los líderes religiosos pidieron que el área fuera vigilada por soldados romanos para evitar que los discípulos robaran el cuerpo de Jesús y afirmaran que Él, como Lázaro, hubiera resucitado (Mt. 27:62–64). El inepto Pilato accedió y, en efecto, la tumba quedó muy vigilada (Mt. 27:65–66).

"José de Arimatea, miembro noble del concilio, que también esperaba el reino de Dios, vino y entró osadamente a Pilato, y pidió el cuerpo de Jesús. Pilato se sorprendió de que ya hubiese muerto; y haciendo venir al centurión, le preguntó si ya estaba muerto. E informado por el centurión, dio el cuerpo a José, el cual compró una sábana, y quitándolo, lo envolvió en la sábana, y lo puso en un sepulcro que estaba cavado en una peña, e hizo rodar una piedra a la entrada del sepulcro. Y María Magdalena y María madre de José miraban dónde lo ponían".
Marcos 15:43–47

Inepto:
alguien irresponsable, incompetente, impotente o sin propósito.

Por cierto, los soldados romanos eran muy competentes y capaces, y eran tan temibles como eficaces. Pero sus *propias* vidas dependían de seguir órdenes y de vigilar a las personas bajo su cuidado. Por ejemplo, en el libro de los Hechos, Herodes arrestó a Pedro y asignó cuatro escuadrones de cuatro soldados cada uno para vigilarlo. Después de que un ángel rescatara al amado discípulo, Herodes mandó ejecutar a los dieciséis guardias por perder al prisionero (Hch. 12:4–19). Significa que, si mandaron a los soldados romanos a vigilar el cuerpo de Jesús, ciertamente sus vidas dependían de su éxito. El esfuerzo por vigilar la tumba es evidencia de la resurrección, pues nadie pudo exhibir posteriormente el cadáver de Jesús para probar que la resurrección *no* sucedió, a pesar de todo lo que las autoridades hicieron para asegurar que Jesús permaneciera en el sepulcro.

Volviendo al tema, cuando María de Magdala fue a la tumba, la piedra estaba removida (Jn. 20:1–10). Y en lugar de romanos haciendo guardia, había ángeles (vv. 11–18).

Y también Jesús.

"Si Cristo no resucitó, vuestra fe es vana; aún estáis en vuestros pecados. Entonces también los que durmieron en Cristo perecieron. Si en esta vida solamente esperamos en Cristo, somos los más dignos de conmiseración de todos los hombres. Mas ahora Cristo ha resucitado de los muertos; primicias de los que durmieron es hecho. Porque por cuanto la muerte entró por un hombre, también por un hombre la resurrección de los muertos. Porque así como en Adán todos mueren, también en Cristo todos serán vivificados".
1 Corintios 15:17–22

Tu turno

1. Reflexiona sobre el episodio 3 y la resistencia que los discípulos habrían sentido ante la posibilidad de perder a Jesús: ¿Por qué es tan importante que Jesús resucitó? ¿Por qué importa?

El que vive

"Y le dijeron: Mujer, ¿por qué lloras? Les dijo: Porque se han llevado a mi Señor, y no sé dónde le han puesto. Cuando había dicho esto, se volvió, y vio a Jesús que estaba allí; mas no sabía que era Jesús. Jesús le dijo: Mujer, ¿por qué lloras? ¿A quién buscas? Ella, pensando que era el hortelano, le dijo: Señor, si tú lo has llevado, dime dónde lo has puesto, y yo lo llevaré. Jesús le dijo: ¡María! Volviéndose ella, le dijo: ¡Raboni! (que quiere decir, Maestro)".
Juan 20:13–16

En el antiguo Israel, muchos creían en la vida después de la muerte y se referían a ella como "la resurrección en la era venidera". De hecho, las hermanas de Lázaro, María y Marta, creyeron *tanto* en la vida venidera que no cabía en sus mentes el que Jesús regresara a su hermano a *esta* vida (Jn. 11:21–33).

Así que, cuando Jesús resucitó a Lázaro, quedaron totalmente convencidas de Su suprema autoridad sobre todo —incluso la muerte— y de que Jesús tenía toda la razón cuando dijo: "Yo soy la resurrección y la vida; el que cree en mí, aunque esté muerto, vivirá. Y todo aquel que vive y cree en mí, no morirá eternamente" (vv. 25–26).

Por supuesto, como lectores del Evangelio completo, sabemos que la resurrección de Jesús prueba más allá de cualquier duda que Él es **la máxima fortaleza contra la muerte** —tal como lo escribiría un guion de Hollywood. Porque no hay mayor prueba de un superpoder que regresar de entre los muertos; por eso las palabras que los ángeles le dijeron a María en la tumba en Lucas 24:5–6 siguen siendo de las más increíbles de la historia humana:

¿Por qué buscas entre los muertos al que vive?

Él. No. Está. Aquí.

¡Él está vivo!

Tu turno

2. Lee Romanos 6:1–11 ¿Por qué la resurrección de Cristo significa que podemos tener la victoria sobre el pecado?

3. Lee Romanos 6:22–23. ¿Por qué la resurrección de Cristo significa que ahora tenemos la esperanza de la vida eterna?

4. Lee Romanos 10:10–15. ¿Por qué —al igual que los discípulos que nos precedieron— deberíamos sentirnos motivados para contarle a todo el mundo sobre el Jesús resucitado?

Sin avergonzarse

"Acercándoos a él, piedra viva, desechada ciertamente por los hombres,
mas para Dios escogida y preciosa, vosotros también, como piedras
vivas, sed edificados como casa espiritual y sacerdocio santo, para ofrecer
sacrificios espirituales aceptables a Dios por medio de Jesucristo.
Por lo cual también contiene la Escritura:
He aquí, pongo en Sion la principal piedra del ángulo,
escogida, preciosa;
y el que creyere en él, no será avergonzado".
1 Pedro 2:4–6

Hay algo verdaderamente extraordinario en esa afirmación de las Escrituras:

Quienes creen en Jesús no serán avergonzados.

¿Por qué será? ¿Y qué significa?

Bueno, la resurrección es la parte más importante en cuanto a creer en Jesús. De hecho, todo lo que hizo en la tierra —las sanidades, las predicaciones, el morir, el resucitar, el cumplir las profecías— nos ayuda a creer que todo lo demás en la Biblia también es cierto, incluso los eventos que aún faltan por suceder... ya sean los más grandes, como la segunda venida de Jesús en Su gloria para reinar sobre la tierra (a lo cual decimos "¡Ven pronto, Señor Jesús!), o Su forma de proteger y preservar a Sus seguidores mientras esperamos aquel día glorioso. Nuestra fe en Él es confirmada una y otra vez porque Él es fiel.

Podemos tener confianza en saber que Aquel que hizo todas las cosas —incluyendo la cosa más difícil— tiene el control y ha prometido *permanecer* en control.

"No se angustien. Confíen en Dios y confíen también en
mí. En el hogar de mi Padre hay muchas viviendas. Si no
fuera así, ¿les habría dicho Yo a ustedes que voy a prepararles

un lugar allí? Y si me voy y se lo preparo, vendré para llevármelos conmigo. Así ustedes estarán donde yo esté".

Juan 14:1–3 (NVI)

"No los voy a dejar huérfanos; volveré a ustedes. Dentro de poco el mundo ya no me verá más, pero ustedes sí me verán. Y porque yo vivo, también ustedes vivirán".

Juan 14:18–19 (NVI)

"Todo esto lo digo ahora que estoy con ustedes. Pero el Consolador, el Espíritu Santo, a quien el Padre enviará en mi nombre, les enseñará todas las cosas y les hará recordar todo lo que he dicho. La paz les dejo; mi paz les doy. Yo no se la doy a ustedes como la da el mundo. No se angustien ni se acobarden".

Juan 14:25–27 (NVI)

"En el mundo tendréis aflicción; pero confiad, yo he vencido al mundo".

Juan 16:33

"No os ha sobrevenido ninguna tentación que no sea humana; pero fiel es Dios, que no os dejará ser tentados más de lo que podéis resistir, sino que dará también juntamente con la tentación la salida, para que podáis soportar".

1 Corintios 10:13

"Sean vuestras costumbres sin avaricia, contentos con lo que tenéis ahora; porque él dijo: No te desampararé, ni te dejaré; de manera que podemos decir confiadamente: El Señor es mi ayudador; no temeré lo que me pueda hacer el hombre".

Hebreos 13:5–6

"He aquí que viene con las nubes, y todo ojo le verá, y los que le traspasaron; y todos los linajes de la tierra harán lamentación por él. Sí, amén. Yo soy el Alfa y la Omega, principio y fin, dice el Señor, el que es y que era y que ha de venir, el Todopoderoso".

Apocalipsis 1:7–8 (NVI)

Entonces, ¿qué significa que los que creen en Jesús no serán avergonzados? Significa que, gracias a Jesús, **ganamos**.

Tu turno

5. En cuanto a tu fe (o incluso tu falta de), ¿cómo has experimentado la vergüenza (e.d. que te hayas sentido equivocado, ridiculizado, rechazado o apenado por algo o alguien)?

6. Medita en los versículos anteriores a la pregunta 5. ¿De qué manera el amor de Jesús y Su cuidado hacia ti impactan cualquier vergüenza, culpa, ansiedad o temor al que te aferras?

7. ¿Cómo asegura Su resurrección tu esperanza?

Vencedores

"¿Qué, pues, diremos a esto? Si Dios es por nosotros, ¿quién contra nosotros? El que no escatimó ni a su propio Hijo, sino que lo entregó por todos nosotros, ¿cómo no nos dará también con él todas las cosas? ¿Quién acusará a los escogidos de Dios? Dios es el que justifica. ¿Quién es el que condenará? Cristo es el que murió; más aun, el que también resucitó, el que además está a la diestra de Dios, el que también intercede por nosotros. ¿Quién nos separará del amor de Cristo? ¿Tribulación, o angustia, o persecución, o hambre, o desnudez, o peligro, o espada? [...] Antes, en todas estas cosas somos más que vencedores por medio de aquel que nos amó".

Romanos 8:31–35, 37

Incluso cuando los demás no ven ni creen la verdad de que Jesús es el Mesías, el Hijo de Dios y el Salvador del mundo, podemos descansar sabiendo que, a fin de cuentas, seremos vindicados por nuestra fe. ¡Somos "vencedores", porque la victoria de Cristo es *nuestra* victoria pues Él eligió compartirla con nosotros! Él nos incluye y nos redime, y luego nos usa para traer más gente a Su salvación.

Y al mismo tiempo Él intercede por nosotros.

"Mi Dios, pues, suplirá todo lo que os falta conforme a sus riquezas en gloria en Cristo Jesús". Filipenses 4:19

Detente un momento y considera eso, porque es asombrosamente maravilloso: Jesús no solo ha compartido Su victoria con nosotros; también comparte constante y generosamente todo lo demás que le pertenece —cosas como Su poder, Su paciencia, Su paz y Su perseverancia. Estas fluyen hacia nosotros porque Él en Su gracia nos da todas las cosas. Y, mientras tanto, Él ora por nosotros y obra a nuestro favor.

Es tan maravilloso que es difícil de comprender.

Participante = Compañero, socio, coheredero.

Vencedor = Victorioso.

Claro, mientras vivimos de este lado del cielo, experimentaremos adversidades y quebrantos, así como Él lo hizo. Como participantes de Cristo (Heb. 3:14), tenemos garantizado que compartiremos Sus sufrimientos, persecuciones y rechazos (Mt. 10:22; Jn. 15:18–25; Hch. 14:22). PERO, también *como* Él, *con* Él y *gracias a* Él, ¡somos vencedores! Y por el resto de los días por venir, nada nos puede separar de Su cuidado y Su amor.

Ciertamente, Él es la Fortaleza que tanto necesitamos, ahora y para siempre.

Tu turno

8. Toma un momento para reevaluar tus circunstancias a la luz de Romanos 8:31–37. ¿Cómo es que estas promesas podrían cambiar tu forma de ver, entender y responder a las cosas difíciles?

Enfoque de la oración

Alaba a Jesús por *compartir* Su victoria sobre el pecado y la muerte con nosotros, junto con todo lo demás. Agradécele por interceder por ti, por proveer cada recurso que necesitas para transitar por este mundo caído y por la esperanza de vivir eternamente en el cielo. Pídele ayuda para ver tus circunstancias a la luz de la victoria de Jesús, y bajo la protección de Su constante cuidado y amor.

Propuesta de oración

Amado Jesús, solo puedo imaginar los pensamientos de temor de Tus primeros discípulos cuando se enfrentaron a la idea de perderte. Estoy agradecido porque me has otorgado el "panorama completo" gracias a lo que ellos experimentaron y registraron en las Escrituras. Ellos te vieron resucitar a Lázaro, pero yo tengo mucho más. Gracias porque puedo mirar hacia atrás en la historia, no solo a Tu muerte, sino también a Tu victoria al resucitar y probar Tu poder sobre el pecado y la muerte. Reconozco que no siempre veo las circunstancias de mi vida a la luz de tu abundante provisión. Entonces, por favor ayúdame a reconocer que Tú, el Resucitado que resucita a los demás, me puedes proporcionar todo lo que necesito. Gracias por orar por mí, junto con el Espíritu Santo... qué concepto más impactante, Señor. En Tu nombre precioso, santo, que desafía la muerte, amén.

EXT. MONTE DE LOS OLIVOS

(Jesús se sienta observando la ciudad a la luz del atardecer).

SANTIAGO EL MAYOR: El Monte de los Olivos. El profeta Zacarías predijo que el Mesías aparecería en esta misma montaña al final de los tiempos.

PEDRO: Maestro, por favor ayúdanos a entender. Dijiste que todo quedará desierto, que las piedras desaparecerán. ¿Es para el nuevo reino? ¿El momento ya llegó? Estamos listos, pero debes decirnos qué es la señal que debemos esperar. No nos la has dicho.

JESÚS: Siéntense. Lo sabrán muy pronto, pero, mientras tanto, procuren que nadie los engañe. Porque muchos vendrán en Mi nombre, diciendo "Yo soy el Cristo", y harán que muchos caigan. Y sabrán de guerras y rumores de guerras. Cuidado, no se alarmen, porque así es como debe pasar, pero todavía no será el fin. Porque se levantará nación contra nación y reino contra reino, y habrá hambrunas y terremotos en diversos lugares. No será más que el comienzo de los dolores de parto. Y, entonces, los entregarán a tribulacciones, y los van a matar. Y serán aborrecidos por todos a causa de Mi nombre. Y, entonces, muchos caerán y van a traicionarse y odiarse unos a otros, y muchos falsos profetas llegarán y desviarán a muchos. Y, debido a que la maldad aumentará, el amor de muchos se enfriará. Pero el que persevere hasta el final será salvado. Entonces este Evangelio del reino será proclamado en el mundo entero como testimonio a todas las naciones. Y, ENTONCES, llegará el final. Pero, para contestar tu pregunta sobre cuándo será el día o la hora, nadie lo sabe, ni siquiera los ángeles en el cielo, ni el Hijo. Solo lo sabe el Padre. No bajen la guardia. Manténganse alerta. Porque no se sabe cuándo llegará el fin.

(Los cuatro discípulos bajan la mirada, parpadeando, procesando).

PEDRO: Esto es mucha información.

JESÚS: Lo sé.

ANDRÉS: ¿Estás diciendo... que todo lo que acabas de decirnos, entre eso, nuestras muertes y el final de los tiempos, ni Tú sabes cuándo será?

JESÚS: Solo lo sabe el Padre.

JUAN: ¿En serio nunca vas a volver al templo?

JESÚS *(con ojos llenos de amor, pero cansados)*: Si me lo permiten, me gustaría estar solo mientras lo asimilo. Volveré a la casa al anochecer. Solo necesito... un momento.

ANDRÉS *(indeciso)*: Esto es... parte de una conversación más larga, ¿no? Hay más claridad, ¿verdad?

PEDRO: Hay que darle tiempo, Andrés.

(Juan se agacha y besa a Jesús en la cabeza).

JUAN *(en voz baja)*: Te amo.

JESÚS: Y yo a ti, Juan.

(Juan se une a los demás mientras bajan el monte. Jesús está observando el templo y la ciudad, pensativo y triste. Llora).

JESÚS: ¡Ay, Jerusalén! ¡Si tan solo tú... tú también hubieras sabido en este día lo que te puede traer paz! Pero ahora está oculto a tus ojos.

(Comienza a sollozar, repitiendo una y otra vez...).

JESÚS (CONT.): Si hubieras reconocido el camino de la paz... todo lo que conduce a la paz...

(De repente, el sonido de corderos interrumpe abruptamente Su lamento. Le corta la inspiración. Escucha el sonido de una pequeña arpa a la distancia. Una voz canta un salmo).

VOZ: Pero yo, por tu gran amor, puedo entrar en Tu casa.

(Jesús ve un rebaño entero de corderos pasear por el campo. Pero ¿dónde está el cantante? Lo busca).

VOZ (CONT.): Puedo postrarme reverente hacia Tu santo templo por temor a Ti. Señor, por causa de mis enemigos, dirígeme en Tu justicia. Endereza tu senda delante de mí.

(Un joven pastor, vestido modestamente, se sienta sobre la colina. Da la espalda a Jesús, y rasguea el arpa con delicadeza cantando frases cortas).

PASTOR: En sus palabras no hay sinceridad. En su interior solo hay corrupción; su garganta es un sepulcro abierto, de su lengua salen engaños.

(Jesús conoce estas palabras. Las conoce. Observa al joven pastor a la luz de la luna, todavía a sus espaldas y a una distancia).

PASTOR (CONT.): Condénalos, oh Dios. Que caigan por sus propias intrigas.

(El pastor se voltea para revelarse... Es David, antes de ser rey).

JESÚS: David.

DAVID (mirando a Jesús sonriente): Pero que se alegren todos los que en Ti buscan refugio, que canten siempre jubilosos; extiéndeles Tu protección, y que se regocijen todos los que aman Tu nombre.

(Termina la canción. Sonríe con amor y tristeza a Jesús, que se queda sin palabras, pero reconfortado. Se miran el uno al otro por un momento. Jesús está agradecido. Jesús mira hacia los corderos por un momento y, cuando vuelve a mirar hacia David, él ya no está. Alterado, Jesús mira a su alrededor, buscando ansiosamente. Los corderos errantes solo son prófugos de Su purificación del templo. Pone las manos en la cabeza intentando

"despertarse". Oh, no. Los sueños y las visiones del final de la vida han comenzado. Desde lejos vemos a Jesús de pie bajo la luz de la luna, mientras corderos errantes pastan a Su alrededor).

CORTE A NEGRO

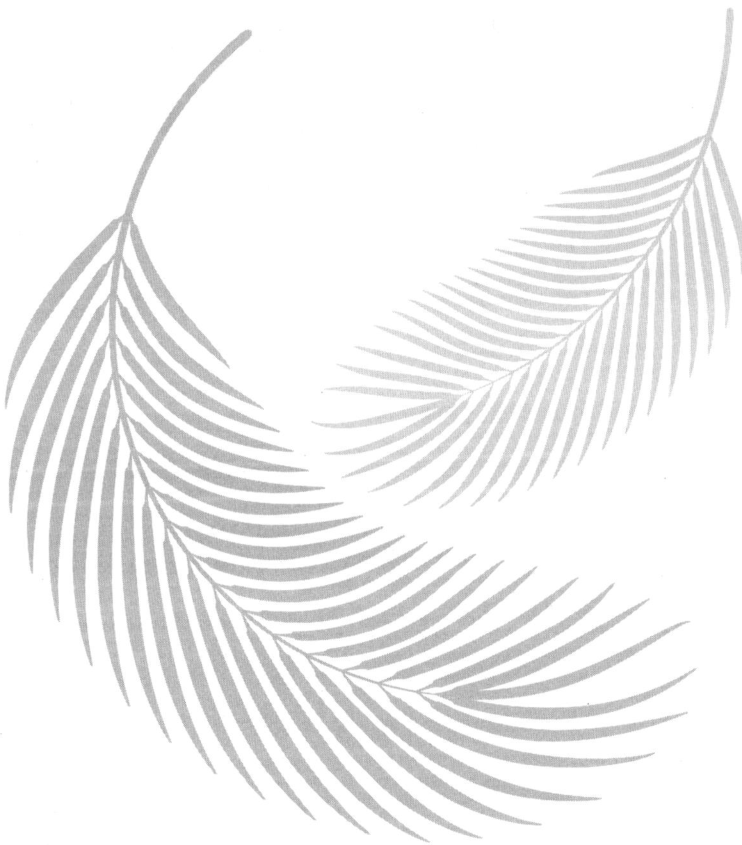

“Pero los fariseos dijeron entre sí: Ya veis que no conseguís nada. Mirad, el mundo se va tras él. Había ciertos griegos entre los que habían subido a adorar en la fiesta. Estos, pues, se acercaron a Felipe, que era de Betsaida de Galilea, y le rogaron, diciendo: Señor, quisiéramos ver a Jesús. Felipe fue y se lo dijo a Andrés; entonces Andrés y Felipe se lo dijeron a Jesús”.

Juan 12:19–22

Lección 4

TODA COSA BUENA

APOSENTO ALTO - NOCHE

JESÚS: Juan, ¿podrías empezar el Dayenú por nosotros?

JUAN *(aclarándose la garganta y sentándose bien)*: Sí, por supuesto, Rabí. "Si nos hubiera liberado de Egipto, sin haberlos sometido a juicio alguno...

TODOS: Habría sido suficiente".

(Lo recitan en sentido horario en el triclinio).

SIMÓN Z: "Si los hubiera sometido a juicio, sin haber destruido a ninguno de sus ídolos...

TODOS: Habría sido suficiente".

SANTIAGO EL MENOR: "Si hubiera destruido a sus ídolos, sin haber matado a sus primogénitos...

TODOS: Habría sido suficiente".

TADEO: "Si hubiera matado a sus primogénitos, sin habernos entregado sus riquezas...

TODOS: Habría sido suficiente".

SANTIAGO EL MAYOR: "Si nos hubiera entregado sus riquezas, sin haber dividido para nosotros el Mar Rojo...

Dayenú:
un canto tradicional del Séder de Pascua, cantado cuando se relata la historia del Éxodo. El canto incluye una lista de bondades que Dios hizo para el pueblo judío, y cada verso concluye con la palabra *dayenú*, que significa "habría sido suficiente".

Triclinio:
un sofá que se extiende a tres lados de una mesa, usado por los romanos antiguos para reclinarse al comer.

TODOS: Habría sido suficiente".

(Ahora vemos varias otras reuniones de Pascua donde se recita el Dayenú).

CASA DE LÁZARO. COMEDOR

ZEBEDEO: "Si hubiera dividido para nosotros el Mar Rojo, sin habernos ayudado a cruzarlo en seco...

TODOS: Habría sido suficiente".

APOSENTO ALTO

NATANAEL: "Si nos hubiera ayudado a cruzar el Mar Rojo en seco, sin haber ahogado en él a nuestros enemigos...

TODOS: Habría sido suficiente".

JUDAS: "Si hubiera ahogado en el mar a nuestros enemigos, sin habernos abastecido en el desierto por cuarenta años...

TODOS: Habría sido suficiente".

CASA DE LÁZARO

LÁZARO: "Si nos hubiera abastecido en el desierto por cuarenta años, sin habernos alimentado con maná...

TODOS: Habría sido suficiente".

APOSENTO ALTO

MATEO: "Si nos hubiera alimentado con maná, sin habernos obsequiado el Shabat...

TODOS: Habría sido suficiente".

TOMÁS: "Si nos hubiera obsequiado el Shabat, sin habernos llevado al Monte Sinaí...

TODOS: Habría sido suficiente".

CASA DE LÁZARO

ZEBEDEO: "Si nos hubiera llevado hasta el Monte Sinaí, sin habernos revelado la Torá...

OTROS: Habría sido suficiente".

APOSENTO ALTO

FELIPE: "Si nos hubiera dado la Torá, sin habernos conducido a la tierra de Israel...

TODOS: Habría sido suficiente".

ANDRÉS: Y si nos hubiera conducido a la tierra de Israel, sin haber edificado para nosotros el Santo Templo...

TODOS *(para terminar)*: Habría sido suficiente. Amén".

PEDRO: Y ahora, las hierbas amargas.

SANTIAGO EL MAYOR: Esperen. Hay algo que quiero agregar. Si hubiera edificado para nosotros el Santo Templo, sin haber enviado al Mesías durante nuestra vida... habría sido suficiente. Hubiéramos esperado. *(No deja de mirar a Jesús; conmovido).* Pero fuimos elegidos, al igual que este momento, y es suficiente.

(Las lágrimas caen por el rostro tembloroso de Santiago. Por el de Jesús también. Mateo, preocupado, se le acerca).

MATEO: Santiago, ¿por qué estás llorando?

SANTIAGO EL MAYOR *(negando con la cabeza, entristecido)*: Si todavía no lo entiendes...

JESÚS *(en voz baja)*: Gracias, Santiago.

En Éxodo 12:8, Dios le mandó a los judíos comer el cordero de Pascua "[asado] al fuego, y panes sin levadura; con hierbas amargas".

Las hierbas amargas mezcladas con la carne servían como recordatorio de que no hay redención ni salvación sin sufrimiento.

Ciertamente, solo mediante el sufrimiento podemos experimentar y apreciar el poder redentor de Dios.

Sin conseguir nada

Los fariseos tenían miedo de perder a la gente ante Jesús: "Ya veis que no conseguís nada. Mirad, el mundo se va tras él" (Jn. 12:19). De hecho, los líderes religiosos pensaban que competían con Jesús porque querían mantener su *propia* autoridad. No solo fueron muchos judíos los que comenzaban a seguir a Jesús, sino hasta gentiles lo buscaban (vv. 20–22). Como resultado, los fariseos vieron desvanecer su influencia. Creían que tenían la razón, y por ende la justificación, al oponerse a Jesús, así que defendieron ferozmente sus tradiciones, perspectivas y prioridades (erróneas).

Pero estaban equivocados.

De hecho, también lo estaban muchas de las personas que seguían a Jesús, porque querían lo que Él podía hacer por ellos más de lo que lo querían a Él (Jn. 6:25–26). En ese sentido, somos muy similares a ellos. Nosotros también buscamos las cosas equivocadas. Preferimos las señales y los milagros. Realmente queremos las bendiciones.

Pero, según las Escrituras, Jesús *es* la bendición.

Solo Él. Solo Él. Solo Él.

Para nerds bíblicos (como nosotros) que quieren saber

A veces sorprende saber que el énfasis que Jesús hizo en (1) la autoridad infalible de la Palabra de Dios y (2) su aplicación a la vida lo alinea estrechamente con los fariseos:

"No penséis que he venido para abrogar la ley o los profetas; no he venido para abrogar, sino para cumplir. Porque de cierto os digo que hasta que pasen el cielo y la tierra, ni una jota ni una tilde pasará de la ley, hasta que todo se haya cumplido. De manera que cualquiera que quebrante uno de estos mandamientos muy pequeños, y así enseñe a los hombres, muy pequeño será llamado en el reino de los cielos; mas cualquiera que los haga y los enseñe, este será llamado grande en el reino de los cielos. Porque os digo que si vuestra justicia no fuere mayor que la de los escribas y fariseos, no entraréis en el reino de los cielos" (Mt. 5:17–20).

"La ley y los profetas eran hasta Juan; desde entonces el reino de Dios es anunciado, y todos se esfuerzan por entrar en él. Pero más fácil es que pasen el cielo y la tierra, que se frustre una tilde de la ley" (Lc. 16:16–17).

Pero, si Jesús era más similar a los fariseos entre la diversidad de grupos judíos del primer siglo (mucho más que a los saduceos liberales, el partido de la aristocracia sacerdotal —e.d. la élite piadosa pero rica— que apoyaba a Roma), ¿por qué les dijo cosas tan duras?

En pocas palabras, porque es muy común que los creyentes conservadores de la Biblia se tomen a sí mismos más en serio que la Palabra de Dios.

"Entonces habló Jesús a la gente y a sus discípulos, diciendo: En la cátedra de Moisés se sientan los escribas y los fariseos. Así que, todo lo que os digan que guardéis, guardadlo y hacedlo; mas no hagáis conforme a sus obras, porque dicen, y no hacen. Porque atan cargas pesadas y difíciles de llevar, y las ponen sobre los hombros de los hombres; pero ellos ni con un dedo quieren moverlas. Antes, hacen todas sus obras para ser vistos por los hombres. Pues ensanchan sus filacterias, y extienden los flecos de sus mantos; y aman los primeros asientos en las cenas, y las primeras sillas en las sinagogas, y las salutaciones en las plazas, y que los hombres los llamen: Rabí, Rabí" (Mt. 23:1–7).

"Y oyéndole todo el pueblo, dijo a sus discípulos: Guardaos de los escribas, que gustan de andar con ropas largas, y aman las salutaciones en las plazas, y las primeras sillas en las sinagogas, y los primeros asientos en las cenas; que devoran las casas de las viudas, y por pretexto hacen largas oraciones; estos recibirán mayor condenación" (Lc. 20:45–47).

Tu turno

1. Reflexiona sobre el episodio 4 y cómo debió de haber sido para los primeros discípulos pasar tiempo con Jesús cara a cara, escuchando Su voz y experimentando Su presencia tan intensamente, y luego considera: ¿qué es lo que a menudo más te gustaría recibir de Jesús?

La meta

"Porque todo el que quiera salvar su vida, la perderá; y todo el que pierda su vida por causa de mí, la hallará. Porque ¿qué aprovechará al hombre, si ganare todo el mundo, y perdiere su alma?".

Mateo 16:25–26

La antítesis de creer que Jesús es suficiente es aferrarse a cosas, o incluso a personas, en este mundo caído y moribundo. Por supuesto, Jesús creó al mundo (Col. 1:16–17) y era bueno (Gn. 1:31), está lleno de belleza, complejidad y magnificencia que sobrepasa la comprensión, y todo testifica de *Su* magnificencia (Sal. 19:1–4; Ro. 1:18–23; Ap. 4:11). Él también creó todas las personas y nos dice que amarnos los unos a los otros es el segundo mandamiento más importante (Mt. 22:36–40).

Pero el mundo en sí no es la meta —no solo porque lo hemos arruinado con el pecado y la desobediencia (Ro. 8:19–23), sino también porque fuimos creados para disfrutar del mundo, no para adorarlo. La creación solo apunta al Creador, Aquel para quien fuimos creados para tener una relación (Mi. 6:8; Hch. 17:26–27), para amar (1 Cor. 8:3; Stg. 2:5) y para ser amados por él (Is. 43:1–7; 1 Jn. 4:9–10).

Por eso el primer y mayor mandamiento es amar a Dios con todo nuestro ser (Mt. 22:37).

Así, pues, si deseamos las cosas del mundo más de lo que queremos a Jesús, nos estamos conformando con menos; estamos eligiendo cosas que no permanecen, que se desvanecen, y por tanto que no satisfacen. Por otro lado, si confiamos en Jesús, el Creador, nuestro consumado Proveedor, Protector, Sustentador, y por tanto **abundante fortaleza**, recibimos *todo* lo que Él posee y que necesitamos:

> "El que no escatimó ni a su propio Hijo, sino que lo entregó por todos nosotros, ¿cómo no nos dará también con él todas las cosas?".
>
> Romanos 8:32

> "Mi Dios, pues, suplirá todo lo que os falta conforme a sus riquezas en gloria en Cristo Jesús".
>
> Filipenses 4:19

> "Dijo luego a sus discípulos: Por tanto os digo: No os afanéis por vuestra vida, qué comeréis; ni por el cuerpo, qué vestiréis. La vida es más que la comida, y el cuerpo que el vestido. Considerad los cuervos, que ni siembran, ni siegan; que ni tienen despensa, ni granero, y Dios los alimenta. ¿No valéis vosotros mucho más que las aves? ¿Y quién de vosotros podrá con afanarse añadir a su estatura un codo? Pues si no podéis ni aun lo que es menos, ¿por qué os afanáis por lo demás? Considerad los lirios, cómo crecen; no trabajan, ni hilan; mas os digo, que ni aun Salomón con toda su gloria se vistió como uno de ellos. Y si así viste Dios la hierba que hoy está en el campo, y mañana es echada al horno, ¿cuánto más a vosotros, hombres de poca fe? Vosotros, pues, no os preocupéis por lo que habéis de comer, ni por lo que habéis de beber, ni estéis en ansiosa inquietud. Porque todas estas cosas buscan las gentes del mundo; pero vuestro Padre sabe que tenéis necesidad de estas cosas. Mas buscad el reino de Dios, y todas estas cosas os serán añadidas".
>
> Lucas 12:22–31

Tu turno

2. ¿A qué cosas en tu vida te aferras más que a Jesús?

3. Según Juan 12, muchos en la multitud buscaban a Jesús porque había resucitado a Lázaro, y estaban curiosos por ver y recibir más. ¿*Tú* por qué buscas a Jesús?

4. Lee Juan 17:20–26, al margen. ¿Cuál es la oración de Jesús por ti?

"Mas no ruego solamente por estos, sino también por los que han de creer en mí por la palabra de ellos, para que todos sean uno; como tú, oh Padre, en mí, y yo en ti, que también ellos sean uno en nosotros; para que el mundo crea que tú me enviaste. La gloria que me diste, yo les he dado, para que sean uno, así como nosotros somos uno. Yo en ellos, y tú en mí, para que sean perfectos en unidad, para que el mundo conozca que tú me enviaste, y que los has amado a ellos como también a mí me has amado. Padre, aquellos que me has dado, quiero que donde yo estoy, también ellos estén conmigo, para que vean mi gloria que me has dado; porque me has amado desde antes de la fundación del mundo. Padre justo, el mundo no te ha conocido, pero yo te he conocido, y estos han conocido que tú me enviaste. Y les he dado a conocer tu nombre, y lo daré a conocer aún, para que el amor con que me has amado, esté en ellos, y yo en ellos".
Juan 17:20–26

Metiches

"No todo el que me dice: Señor, Señor, entrará en el reino de los cielos, sino el que hace la voluntad de mi Padre que está en los cielos. Muchos me dirán en aquel día: Señor, Señor, ¿no profetizamos en tu nombre, y en tu nombre echamos fuera demonios, y en tu nombre hicimos muchos milagros? Y entonces les declararé: Nunca os conocí; apartaos de mí, hacedores de maldad".
Mateo 7:21–23

Cuando los fariseos dijeron "Mirad, el mundo va tras él", se referían a los judíos que estaban en Jerusalén para festejar la Pascua. Pero su elección de palabras expresó una verdad más amplia porque Jesús *sí ha* atraído "al mundo". En este caso específico, los griegos fueron a la ciudad a buscar a Aquel que había mostrado poderes sobrenaturales sobre la muerte.

Metiche:
alguien que sale a ver algo por curiosidad, pero no pretende involucrarse más allá de su intriga inicial.

Pero, entonces, *¿por qué* la gente busca a Jesús —gente de todo el mundo y de todo trasfondo, desde los tiempos de Su ministerio terrenal hasta hoy en día? Proponemos que no es (a) porque los humanos lo entendamos a la perfección, ni (b) porque

"Señor":
Amo o gobernante.

Agustín, el teólogo y filósofo cristiano africano del cuarto siglo, famosamente observó en una oración: "Nos hiciste, Señor, para Ti, y nuestro corazón está inquieto hasta que descanse en Ti".

Él nos dé todo lo que pedimos, ni (c) porque todos los que lo buscan decidan quedarse con Él, rendirse a Él y llamarle "Señor".

No, **el mundo es atraído hacia Aquel que entiende al mundo**, Aquel que realmente tiene el control, Aquel que nos creó y el Único que puede llenar el vacío dentro de nuestras almas —el espacio, por cierto, que fue hecho *por Él y para Él* (Ec. 3:11; Col. 1:16–17).

Fuimos diseñados para conocer a nuestro Creador.

Por eso, mucho antes en el Evangelio de Juan (y en lo que quizás sea el versículo más famoso de la historia), él dijo "Porque de tal manera amó Dios [nuestro Creador] al mundo, que ha dado a su Hijo unigénito, para que todo aquel que en él cree, no se pierda, mas tenga vida eterna" (Jn. 3:16).

Ciertamente, a menudo se busca a Jesús por Su poder, autoridad y recursos. Pero, trágicamente, los humanos no siempre elegimos quedarnos bajo esa autoridad. No la reconocemos universalmente ni respondemos con la humildad apropiada (1 Pe. 1:5–7; Stg. 4:10) o renunciando al poder personal que creamos tener (Prov. 3:5–6; Mt. 20:26–28; Rom. 12:3; Fil. 2:1–4). No siempre aceptamos los términos de la salvación que Dios ofrece a todos y a cualquiera que crea en Él.

Como resultado, nos perdemos de la abundancia que *solo* le pertenece al Señor.

Tu turno

5. ¿Quiénes son los metiches en tu vida? Toma un momento para orar por ellos por nombre. Y, si ***tú*** eres el metiche, explica por qué todavía no te has rendido a Jesús como Señor. ¿Qué te lo impide?

6. Vuelve a leer Juan 17:20–26 y enumera las cosas por las que Jesús oró.

"... al cual Dios levantó, sueltos los dolores de la muerte, por cuanto era imposible que fuese retenido por ella".
Hechos 2:24

7. Los recursos de Cristo son ilimitados —ni la muerte lo pudo contener. ¿Saber eso cómo cambia tu forma de responder ante Su autoridad?

Totalmente abastecido

"En el mundo estaba [Jesús], y el mundo por él fue hecho; pero el mundo no le conoció. A lo suyo vino, y los suyos no le recibieron. Mas a todos los que le recibieron, a los que creen en su nombre, les dio potestad de ser hechos hijos de Dios; los cuales no son engendrados de sangre, ni de voluntad de carne, ni de voluntad de varón, sino de Dios. Y aquel Verbo fue hecho carne, y habitó entre nosotros (y vimos su gloria, gloria como del unigénito del Padre), lleno de gracia y de verdad. [...] Porque de su plenitud tomamos todos, y gracia sobre gracia. Pues la ley por medio de Moisés fue dada, pero la gracia y la verdad vinieron por medio de Jesucristo. A Dios nadie le vio jamás; el unigénito Hijo, que está en el seno del Padre, él le ha dado a conocer".

Juan 1:10–14, 16–18

Los que elegimos seguir a Jesús más allá de nuestra encuentro inicial, que creemos que Él es Aquel que creó el mundo y todo lo que hay en él, que confiamos en Él para el perdón de pecados y la victoria sobre la muerte, que pasamos la vida aprendiendo a rendirnos ante Él más y más, ¡somos testigos de Su gloria!

Nuestros ojos lo ven en la creación. Nuestros oídos receptivos escuchan Su voz suave y apacible, Nuestra mente (y todas las dudas que contiene) se satisface con la verdad de las Escrituras. Nuestro corazón tiene paz porque Dios ha entrado a morar en él (Fil. 4:7; Col. 3:15). Ciertamente, a los seguidores de Jesús nos toca experimentar Su gracia, verdad, luz y amor a diario. Y nos toca extender todas esas cosas a los demás.

¿Cómo? Mediante Jesús, quien constantemente comparte toda cosa buena; es decir, no solo tenemos una herencia apartada, vigilada y guardada para nosotros en el cielo (1 Pe. 1:3–5), también tenemos acceso a Dios el Padre ahora mismo (Sal. 121:1–8; Mt. 7:11; Rom. 5:1–2; Ef. 2:18–19; Stg. 1:1–8... ¡tantos versículos!).

Piensa en eso: tenemos acceso al Rey de Reyes y Señor de Señores, ahora mismo. Tenemos acceso a Aquel que el mundo busca y que eventualmente muchos rechazan —pero nosotros no.

A los que estamos en Cristo no nos falta NADA porque en Él tenemos toda cosa buena. Después de todo, Él es la Fortaleza totalmente abastecida que tanto necesitamos.

Tu turno

8. Toma un tiempo para leer Juan 1 y enumera los atributos de Jesús. ¿Cuáles recursos de Su reserva ilimitada necesitas más el día de hoy?

Enfoque de la oración

Alaba a Jesús porque Él *es* y *tiene* y *comparte* toda cosa buena con Sus seguidores. Agradécele por Su amor y cuidado por ti hoy, y por Su generosidad hacia ti ahora mismo. Confiesa cualquier duda que te quede sobre Su disposición o poder para ayudarte, y pídele lo que necesitas.

Propuesta de oración

Jesús, comienzo a entender más y más que solo Tú eres lo que mi corazón realmente anhela, que solo Tú eres lo que necesito, y que fui creado por Ti y para Ti. Gracias por Tu abundante provisión de todo lo que necesito, y por Tus regalos generosos de salvación, vida y propósito. Te necesito como mi Fortaleza en medio de mis circunstancias, y me quiero someter ante Tu amorosa autoridad para que pueda experimentar el resto de lo que prometiste a Tus seguidores. Por favor, ayúdame a buscarte, aún entre las distracciones diarias. Ayúdame a reconocer lo que ya estás proveyendo, y a ser agradecido. Amén.

INT. CASA DE LÁZARO. COMEDOR - NOCHE

(Magdalena, María Madre, Edén, Tamar, Juana, María B y Marta se ríen estando en la mesa con Jesús, pasándose los platos y bebiendo de sus copas. Cuando la diversión se calma, las mujeres miran a Jesús, expectantes de lo que está a punto de decir. Él baja la voz, mirando Su plato por un momento. Todos en la habitación quedan inmóviles. Cada mujer está al borde de su asiento).

JESÚS: Ahora debo pedirles a todas una cosa más. Les pido que se mantengan lejos de Mí en Jerusalén estos próximos días. Perdónenme. Pero es lo mejor. Y creo que llegarán a entenderlo.

MARÍA MADRE: ¿No podremos observar el Séder del Pésaj contigo?

JESÚS: Créeme. Preferiría pasarlo contigo. Pero tengo unas últimas palabras para Mis apóstoles en la noche del Pésaj.

MAGDALENA: ¿Últimas?

JESÚS *(mirándola con seriedad)*: María, lo sabes porque has prestado atención.

MAGDALENA: Eso no significa que esté de acuerdo.

JESÚS: No. No te pido que estés de acuerdo con esto. Pero sí te pido que mantengas la distancia.

MARÍA MADRE: ¿Por qué?

(Él lucha por responderle).

JESÚS: Por favor no me pidas que responda ahora.

MARÍA B: Bueno, si no podremos celebrar la cena del Séder contigo, entonces debes permitirnos recitar el Dayenú.

JESÚS *(confundido)*: ¿El Dayenú?

MARTA: Puede que lo hayas oído.

MAGDALENA: Preparamos el nuestro.

JESÚS: ¿El suyo?

(Sin preámbulo, María Madre comienza).

MARÍA MADRE: "Si lo único que se me hubiera permitido fuera la alegría de tenerte en mis brazos, aquella noche en el frío suelo de Belén, sin poder verte realizar tus señales y prodigios...

TODAS: Habría sido suficiente".

MAGDALENA: "Si hubieras realizado los signos y prodigios, sin llamarme por mi nombre esa noche...

TODAS: Habría sido suficiente".

EDÉN: "Si hubieras sanado a María de Magdala de sus demonios, sin sanar a mi Ima y sin llamar a mi esposo después de hacerle un milagro...

TODAS: Habría sido suficiente".

TAMAR: "Si hubieras llamado a Simón Pedro, sin sanar a mi amigo...

TODAS: Habría sido suficiente".

MARTA: "Si hubieras sanado a Etán, sin resucitar a mi hermano...

TODAS: Habría sido suficiente".

MARÍA B: "Si hubieras resucitado a mi hermano, sin defender mi honor cuando te adoraba...

TODAS: Habría sido suficiente".

JUANA: "Si hubieras defendido a María de Betania, sin darle sentido a mi vida —que había sido tan infeliz e insatisfecha— o sin permitirme apoyar y formar parte de esta milagrosa familia, que estoy segura cambiará al mundo...

TODAS: Habría sido suficiente".

"Jesús les respondió diciendo: Ha
llegado la hora para que el Hijo del
Hombre sea glorificado. De cierto, de
cierto os digo, que si el grano de trigo
no cae en la tierra y muere, queda solo;
pero si muere, lleva mucho fruto".

Juan 12:23–24

Lección 5

GLORIFICADO

Glorificado:
hecho glorioso.

Glorioso:
digno de alabanza,
excelente, exaltado,
espléndido, divino.

MONTE DE LOS OLIVOS - DÍA

(Le quedan sesenta horas de vida a Jesús de Nazaret. Al bajar del Monte con los discípulos, pasan junto a una higuera que ha marchitado).

PEDRO: ¡Rabí, mira! ¡La higuera que maldijiste se marchitó en una noche!

JESÚS: Pedro, me has visto caminar sobre el agua, ¿y esto te sorprende?

PEDRO: No sé. Es que siempre me sorprendo.

JESÚS *(mirando al grupo)*: Escuchen con atención. Sé que los confudí cuando maldije la higuera. ¿Verdad, Natanael?

NATANAEL: Por supuesto.

(Jesús sonríe).

JESÚS: Tengan fe. Han oído a muchos de nuestros rabís hablar sobre mover montañas —obstáculos o situaciones imposibles que se interponen en el camino de buscar y confiar en Dios. Y, en verdad, a cualquiera que le diga a este monte de aquí "Quítate y arrójate al mar" y no tenga duda en su corazón le será concedido. Todo lo que pidan en oración crean que ya lo han recibido, y será suyo.

(Los discípulos están atónitos).

NATANAEL: Suena grandioso.

JESÚS: Tienen que entenderlo cuando se enfreten a montañas el resto de su vida. Pero no le hice esto al árbol solo para demostrar que puedo hacer cualquier cosa. Entonces, ¿por qué maldije este árbol? ¿Felipe?

FELIPE: Porque no dio frutos.

JESÚS: Pero, como Juan señaló ayer, de todos modos no era temporada. ¿Qué esperaba Yo?

ANDRÉS: Tenía hojas.

JESÚS: Muy bien, Andrés. No está en plena temporada, pero la fruta suele aparecer antes o junto con las hojas. Las hojas prometen frutos, incluso si son el comienzo del crecimiento. Y no había nada. Este árbol daba apariencia de frutos, pero no tenía nada bueno. ¿No les recuerda nada?

(Ellos lo miran. Después de un momento...).

PEDRO: Al templo.

JESÚS: Destruí el mercado en el templo y reprendí a sus líderes por la misma razón que a este árbol. Estoy aquí para derribar lo que no da fruto. Y el momento de hacerlo es ahora, y deben estar conscientes. Juan, dime: cuando las ramas de la higuera se ponen tiernas y aparecen los primeros brotes, ¿qué nos dice eso sobre las estaciones?

JUAN: Que el verano está por llegar.

JESÚS: Así también es con ustedes. Las cosas que han visto y oído durante esta semana son una señal para ustedes; una señal de que todo lo que se predijo está a punto de pasar, como la llegada del verano.

(Hay tensión en el ambiente).

JESÚS (CONT.): Ya se lo dije a Pedro, a Juan, a Santiago el Mayor y a Andrés también se lo dije. Pero ahora les digo a todos ustedes también, porque quiero que estén listos y que estén preparados. Les van a provocar tribulaciones y los ejecutarán, y serán odiados por todas las naciones a causa de Mi nombre.

(Reacciones mixtas —temor, sorpresa, confusión, comprensión, negación).

JESÚS (CONT.): Pero, antes de eso, algo más debe pasar, lo cual ya les he dicho antes, y, sin embargo, parece que no quieren o son incapaces o que no cuentan con la sobriedad para entenderlo. Como todos saben, el Pésaj comienza mañana al atardecer. Y en el primer día de celebración, el Hijo del Hombre será entregado para ser crucificado.

(Silencio absoluto).

ANDRÉS: Pero... solo... entregado. No más, ¿cierto?

JUAN: ¿Crucificado?

(Las objeciones escalan rápido).

SIMÓN Z: Así yo mismo tenga que morir, no voy a dejar que eso pase.

PEDRO: ¡Ocuparemos Tu lugar!

NATANAEL: ¡Eres el Mesías, puedes evitar lo que quieras!

MATEO: Pero no puede haber ejecuciones en los días santos. ¡Sería ilegal!

TADEO: ¿Quién te va a entregar? ¡Lo detendremos!

SANTIAGO EL MENOR: ¡No puede ser! ¿Qué hacemos?

(A medida que las protestas de los discípulos aumentan, el audio del escándalo incrementa mientras la toma se acerca a Jesús, cuyos ojos entristecen a medida que aumenta el temor).

Gracias, pero no gracias

Los primeros discípulos de Jesús razonaban que Él debía ser glorificado y que la respuesta adecuada a Sus milagros y predicaciones sobrenaturales era exaltarlo al máximo estatus: al Mesías, el libertador prometido para la nación judía, profetizado por sus antepasados.

Pero Jesús les decía todo lo opuesto. Él les dijo que sería ejecutado (Mc. 8:31–33; 9:30–32; 10:32–34) y, además de que ellos tendrían que seguir Sus pasos (Mc. 13:9–13; Jn. 15:18–21), que Su reino opera diferente a los reinos terrenales (Mt. 13:24–50).

Para guiar, debemos servir.

Para ganar, debemos perder.

Para vivir, debemos morir.

"Mas entre vosotros no será así, sino que el que quiera hacerse grande entre vosotros será vuestro servidor, y el que quiera ser el primero entre vosotros será vuestro siervo; como el Hijo del Hombre no vino para ser servido, sino para servir, y para dar su vida en rescate por muchos".
Mateo 20:26–28

"Todo el que procure salvar su vida, la perderá; y todo el que la pierda, la salvará".
Lucas 17:33

Por supuesto que no entendían. ¿Cómo podrían? Todas las cosas en *nuestro* mundo operan a la inversa, de modo que deseamos lo opuesto y por tanto nos resistimos al camino correcto.

Pero alabado sea Jesús por mostrarnos el camino.

Tu turno

1. Reflexiona sobre el episodio 5 y la fuerte resistencia de los discípulos —y de todos los demás judíos que creían que Jesús era el Mesías— al escucharlo hablar de la muerte en vez de la dominación, de la salvación del pecado en vez de la liberación de Roma, y luego considera: ¿De qué formas ***tú*** te resistes a los caminos de Jesús?

Para nerds bíblicos (como nosotros) que quieren saber

Como vivía en una sociedad agraria (e.d. que se basa en la agricultura), no es de sorprender que Jesús usara muchas ilustraciones de cultivo (Mt. 13:24–30; 17:20; Mc. 4:26–29; Lc. 17:6; 22:31).

Su parábola fundamental —aquella donde enseña sobre las parábolas— es la historia de un labrador que siembra semillas que caen sobre una variedad de suelos con diferentes niveles de receptividad (Mt. 13:1–23; Mc. 4:1–20; Lc. 8:4–15). Jesús explica que la semilla representa la palabra de Dios (Mt. 13:19; Mc. 4:14; Lc. 8:11). El suelo representa el corazón de los que oyen la palabra de Dios.

En otras palabras, diferentes personas responden a la palabra de Dios de diferentes modos.

Aquí, en Juan 12:23–24, vemos que Jesús vuelve a usar una ilustración de semillas, solo que en esta la semilla representa a Jesús mismo. No es la palabra de Dios, sino el Verbo de Dios.

¿Te das cuenta?

Morir

> "Con Cristo estoy juntamente crucificado, y ya no vivo yo, mas vive Cristo en mí; y lo que ahora vivo en la carne, lo vivo en la fe del Hijo de Dios, el cual me amó y se entregó a sí mismo por mí".
>
> Gálatas 2:20

Jesús fue muy claro al decir que seguirlo significa morir a uno mismo.

Pero ¿eso qué significa?

Morimos espiritualmente. Si bien la salvación es un regalo de Dios (Rom. 6:23), "morir a uno mismo" es un prerrequisito para ser un seguidor de Cristo (Jn. 12:24); no podemos seguirlo a menos que y hasta que dejemos de controlar, de liderar, de determinar nuestro propio camino y, en cambio, elijamos el Suyo. Es decir, "morimos" a nuestra manera de actuar antes de Jesús, empezando por nuestros deseos y ambiciones pecaminosos (Rom. 6:11).

Morimos simbólicamente. El bautismo es la expresión externa de nuestro compromiso interno de rechazar nuestros antiguos caminos pecaminosos y de renacer a una vida nueva con Jesús. En específico, sumergirse en agua simboliza morir y ser enterrados con Cristo. Y salir del agua simboliza Su resurrección y nuestro renacer: "Porque somos sepultados juntamente con Él para muerte por el bautismo, a fin de que como Cristo resucitó de los muertos por la gloria del Padre, así también nosotros andemos en vida nueva" (Rom. 6:4).

Y, finalmente, dependiendo de dónde vivamos y el nivel de oposición al Evangelio, **incluso podemos morir físicamente**, como sucedió a diez de los doce discípulos originales. Y a Jesús. Ciertamente, Él se pudo haber bajado de la cruz y arrasado a los que lo subieron. O pudo haber negado la cruz por completo. De hecho, Él no quería morir de esa forma, y le pidió a Dios el Padre que lo reconsiderara. Pero luego murió a Sus deseos personales: "Padre, si quieres, pasa de mí esta copa; pero no se haga mi voluntad, sino la tuya. Y se le apareció un ángel del cielo para fortalecerle. Y estando en agonía, oraba más intensamente; y era su sudor como grandes gotas de sangre que caían hasta la tierra" (Lc. 22:42–44).

En pocas palabras, debemos morir a nosotros mismos.

Pero luego viene lo bueno.

Tu turno

2. Jesús incluso dijo que los que no estén ***dispuestos*** a sacrificar su vida por Él no pueden ser Sus discípulos (Lc. 14:27). ¿Eso qué significa para ti, y cómo te hace sentir?

3. Advertencia de contenido gráfico: tener clavos en las manos y los pies no es lo que provoca la muerte en la cruz, sino que el colapso pulmonar, el fallo cardíaco, la deshidratación y la incapacidad de suplir oxígeno a los órganos vitales terminan por asfixiar a la persona.

Para nerds bíblicos (como nosotros) que quieren saber

Juan 12:23–24 se trata de morir para dar fruto. Pero, en otro momento del ministerio de Jesús, Él habló de morir por no dar fruto.

Como se retrata en el 5° episodio de la temporada 5, cuando un Jesús con hambre encontró una higuera y vio que no tenía frutos, la maldijo y esta se marchitó y murió ese mismo día (Mt. 21:18–22; Mc. 11:12–14, 20–26).

Marcos explica además que "no era tiempo de higos" (11:13).

¡Espera! ¿¡Qué!? ¿Por qué Jesús maldeciría a una higuera fuera de temporada por no dar fruto? Parece injusto esperar que un árbol frutal diera frutos fuera de la temporada de frutas... ¿no?

Bueno, la mayoría de los lectores del primer siglo habrían sabido que el fruto de una higuera comienza a aparecer al mismo tiempo que sus hojas, lo que significa que una higuera con hojas ya estaría brotando dulces y verdes higos —no frutos maduros, pero dulces de cualquier modo. En cuanto al árbol que Jesús encontró, Él "no halló nada en ella, sino hojas solamente" (Mt. 21:19; cf. Mc. 11:13).

Entonces, aunque tenía hojas, viéndola más de cerca, no había señal de frutos, ni siquiera verdes e inmaduros.

Era un árbol vacío, sin frutos.

En el contexto de la maldición de esta higuera, Jesús expulsa los negocios que habían invadido el espacio de alabanza del templo. Los negocios daban la apariencia de adoración, pero, viéndolos más de cerca, se dedicaban a actividades vacías, hipócritas, sin frutos.

Tal exhibición solo amerita el juicio, y eso es lo que Jesús hizo.

Parece que nuestra elección se reduce a esto: no dar frutos y morir, o morir para dar frutos.

Entonces, con eso en mente, ¿qué significa para ti el sacrificio de Cristo, y cómo te hace sentir?

La palabra excruciante viene de una frase del latín que significa "de la cruz", y significa el dolor más intenso imaginable.

4. Lee Romanos 6:14. ¿Por qué es tan importante morir a nuestros pecados?

Pero Dios

"Y él os dio vida a vosotros, cuando estabais muertos en vuestros delitos y pecados, en los cuales anduvisteis en otro tiempo, siguiendo la corriente de este mundo, conforme al príncipe de la potestad del aire, el espíritu que ahora opera en los hijos de desobediencia, entre los cuales también todos nosotros vivimos en otro tiempo en los deseos de nuestra carne, haciendo la voluntad de la carne y de los pensamientos, y éramos por naturaleza hijos de ira, lo mismo que los demás. Pero Dios, que es rico en misericordia, por su gran amor con que nos amó, aun estando nosotros muertos en pecados, nos dio vida juntamente con Cristo (por gracia sois salvos), y juntamente con él nos resucitó, y asimismo nos hizo sentar en los lugares celestiales con Cristo Jesús, para mostrar en los siglos venideros las abundantes riquezas de su gracia en su bondad para con nosotros en Cristo Jesús. Porque por gracia sois salvos por medio de la fe; y esto no de vosotros, pues es don de Dios".

Efesios 2:1–8

Jesús sabía que Su muerte se acercaba y que impactaría y desanimaría a Sus seguidores del primer siglo, así que les dio las buenas noticias de antemano: que Su muerte daría lugar a la vida eterna en el cielo, que el paraíso es accesible para quienes ponen su confianza en Jesús por lo que hizo en la cruz, que la vida en Él no termina con la muerte física, y que la gloria nos espera del otro lado.

¿Por qué? ¿Y cómo?

Como se explica en Efesios, Dios, quien nos amó desde el principio, aun cuando estábamos perdidos en el pecado y nos rebelábamos contra Él, envió a Jesús a cargar ese pecado en la cruz —a sufrir la ira justa de Dios por ese pecado— para que seamos rescatados, redimidos y justificados. Esto significa que Jesús es nuestro cordero sacrificial sustituto que murió en nuestro lugar, Aquel que conquistó el pecado y la muerte, y comparte Su victoria con quienes lo siguen. Así, Dios nos resucita *junto con* Jesús y nos hace sentar *con* Jesús para que podamos experimentar todo Su amor, misericordia e inimaginable magnificencia por toda la eternidad.

El sistema sacrificial (que Dios estableció en el AT mediante el cual la gente sacrificaría un cordero sin mancha para la expiación de los pecados) preparó el terreno para Jesús y la expiación que Él proveería para todas las personas para siempre. Jesús es llamado el "Cordero de Dios" porque Él es perfecto (e.d. sin pecado) y por ende el máximo sacrificio por el pecado (Jn. 1:29; 36).

Podemos experimentar la gloria que le pertenece a Jesús.

Y Él *es* glorificado. Desde el día en que ascendió al cielo (Lc. 24:50–53; Hch. 1:9–11), Jesús ha estado sentado a la diestra del Padre (Col. 3:1; Heb. 1:3; 8:1–6; 10:12; 12:2), donde reina sobre el mundo e intercede por nosotros (Rom. 8:34; Ef. 1:20–22; Fil. 2:9–11; 1 Pe. 3:21–22).

Como vimos en la lección 3, el Jesús resucitado ora por nosotros desde Su lugar alto (Rom. 8:31–37). Él ordena los eventos de nuestras vidas. Nos dota de provisiones y retiene todo lo que no sirve a nuestros intereses. Nos guía como el Buen Pastor que es (Jn. 10:1–18). Redime y establece nuestro valor y dignidad. Nos permite participar de los planes de Su reino por todo el tiempo que estemos en la tierra. Y Él es quien nos dará la bienvenida cuando entremos a Su reino celestial, donde Él es debidamente alabado y adorado como el Rey de Reyes y Señor de Señores, para todos los tiempos y en todos los sentidos.

Tu turno

Toma un tiempo para leer Juan 16 (parte de cuando Jesús animó a los apóstoles en la Última Cena) antes de responder las siguientes preguntas:

5. Jesús les dijo a Sus discípulos lo que ocurriría con anticipación. ¿Esto cómo fue una forma de protección? (Pista: la respuesta está en los versículos 1 y 33).

6. ¿Cómo saber algunas cosas con anticipación también te ayuda a protegerte, especialmente en medio de circunstancias difíciles?

"... Jesucristo, quien habiendo subido al cielo está a la diestra de Dios; y a él están sujetos ángeles, autoridades y potestades".
1 Pedro 3:21–22

"Por lo cual Dios también le exaltó hasta lo sumo, y le dio un nombre que es sobre todo nombre, para que en el nombre de Jesús se doble toda rodilla de los que están en los cielos, y en la tierra, y debajo de la tierra; y toda lengua confiese que Jesucristo es el Señor, para gloria de Dios Padre".
Filipenses 2:9–11

7. Jesús ha sido glorificado y elevado al lugar más alto posible. ¿Eso por qué lo convierte en una Fortaleza perfectamente efectiva?

Gloria al Padre

Romanos 8:34 dice "Cristo es el que murió; más aun, el que también resucitó, el que además está a la diestra de Dios, el que también intercede por nosotros".

Más arriba en ese mismo pasaje, Pablo compara el sufrimiento actual con la gloria futura, y dice "Pues tengo por cierto que las aflicciones del tiempo presente no son comparables con la gloria venidera que en nosotros ha de manifestarse" (v. 18).

Pero *por ahora* tenemos lo que él llama "las primicias del Espíritu" que indican la promesa de mejores frutos en el futuro (v.23).

Esa gloria futura en Cristo es tan segura que Pablo luego habla de ella como si ya se hubiera cumplido: "Y sabemos que a los que aman a Dios, todas las cosas les ayudan a bien, esto es, a los que conforme a su propósito son llamados. Porque a los que antes conoció, también los predestinó para que fuesen hechos conformes a la imagen de su Hijo, para que él sea el primogénito entre muchos hermanos. Y a los que predestinó, a estos también llamó; y a los que llamó, a estos también justificó; y a los que justificó, a estos también glorificó" (vv. 28–30).

"Después me mostró un río limpio de agua de vida, resplandeciente como cristal, que salía del trono de Dios y del Cordero. En medio de la calle de la ciudad, y a uno y otro lado del río, estaba el árbol de la vida, que produce doce frutos, dando cada mes su fruto; y las hojas del árbol eran para la sanidad de las naciones. Y no habrá más maldición; y el trono de Dios y del Cordero estará en ella, y sus siervos le servirán, y verán su rostro, y su nombre estará en sus frentes. No habrá allí más noche; y no tienen necesidad de luz de lámpara, ni de luz del sol, porque Dios el Señor los iluminará; y reinarán por los siglos de los siglos".

Apocalipsis 22:1–5

Cuando Jesús les dijo a los discípulos lo que pasaría, les resultó difícil creerle. Y no fue porque no creyeran *en* Él; por supuesto que lo hacían, por eso se quedaron. Pero, como discutimos en la lección 2, es muy difícil para nuestras míseras mentes humanas comprender lo que será —sean las profecías para bien o para mal.

En nuestro caso, y con las gloriosas profecías de Apocalipsis, no se nos está previniendo una espantosa crucifixión. Más bien recibimos esperanza de gloria. Se nos ha dado una imagen del futuro para los seguidores de Jesús, una visión de lo que contemplaremos cuando comience la vida eterna en el cielo.

Veremos a Jesús en toda Su gloria.

Por ahora, estamos aquí donde la lucha con el pecado y el quebranto permanecen —pero solo por ahora. Y Dios nos ha dicho todo lo que necesitamos saber sobre cómo navegar este mundo, con todo y sus adversidades: debemos pasar tiempo con Él, leyendo Su Palabra, permaneciendo firmes en todas las cosas, permitiendo que Él nos proteja y provea, mientras hablamos a los demás acerca de Él y de lo que el futuro nos depara para los que creemos.

Ciertamente, Jesús ya ha sido glorificado. Y, mientras esperamos para unirnos a Él donde está, **Él promete seguir siendo la Fortaleza que tanto necesitamos.**

Tu turno

8. Medita en Apocalipsis 22:1–5 y en el Jesús resucitado y glorificado.

Nada más eso. Solo medita en Él.

Enfoque de la oración

Alaba al Jesús glorificado que venció a la muerte y resucitó, y que ahora se sienta a la diestra del Padre. Agradécele por la vida que ofrece compartir contigo y por Sus promesas eternas. Admite que no mereces Su amor, y agradécele por no pedirte que intentes ganártelo.

Propuesta de oración

Amado, sublime, más honorable Señor del universo, vengo ante Ti con humildad, reconociendo que estás sentado en gloria sobre el trono del cielo. Mereces la adoración de Tu pueblo. Gracias por elegir renunciar a Tu majestad y esplendor por un tiempo para venir a la tierra, para vivir una vida perfecta, para morir sin merecerlo por mis pecados, y para resucitar. Eres el Héroe vencedor que merece toda la gloria. Estoy impactado de que elijas amarme aunque no lo merezca ni lo entienda del todo. Te pido que me ayudes a permanecer en una postura de fe en Ti, mi Rey glorioso, aun cuando enfrente las luchas y dudas temporales de esta vida. Amén.

INT. CASA DE FEBE. PATIO

(Los discípulos han regresado del Monte, con las preocupantes palabras de su Mesías aún en los oídos. Los últimos en entrar cierran la puerta con llave. Se sientan con el cansancio de alguien adolorido por un ejercicio laborioso. Derribados. Silencio. Santiago el Menor llora y Tadeo lo consuela. Santiago el Mayor observa a los demás, sin juicio, sino con amor. Pedro observa el cuaderno de sermones de Mateo. Mateo se acerca para ofrecérselo, pero termina robándole un abrazo. Pedro se detiene por un momento. Simón Z hace guardia en la ventana, como si nada hubiera cambiado. Sus deberes son los mismos. Más silencio. Andrés abraza a Felipe, y casi levantan a Natanael de su asiento para incluirlo. Judas está distante, emocional y físicamente. La molestia se manifiesta en su rostro y en su lenguaje corporal. Finalmente...).

PEDRO: Está pasando por un momento difícil.

JUAN: ¿Sí? ¿Tú crees?

SANTIAGO EL MAYOR: Juan...

PEDRO: No puede ser en serio lo que dice.

FELIPE: No creo que no lo sea, Pedro.

PEDRO: He llegado a aprender que todo es posible, Felipe.

SANTIAGO EL MAYOR: ¿Cuándo ha habido una vez que no haya hablado en serio?

ANDRÉS: Debe ser una prueba, y... solo quería ver nuestra reacción.

NATANAEL: Pues ya vio.

SIMÓN Z: O es una advertencia para prepararnos para rescatarlo.

SANTIAGO EL MENOR: Eso no fue lo que pidió, Zé.

TADEO: No puedo creer que esto esté pasando.

PEDRO: ¡No está pasando nada!

JUAN: Pedro, ¿estás ciego? ¿Sordo? Están pasando cosas, y si alguno de ustedes hubiera estado prestando atención, esto no habría sido un golpe repentino.

SANTIAGO EL MAYOR: ¡Cómo te atreves a acusarnos de no prestar atención!

JUAN: Están actuando como si nunca nos hubiera insinuado, sugerido, o dicho directamente todas estas cosas.

ANDRÉS: ¡Estaba probándonos! ¡Estaba probándonos para ver si seguiríamos creyendo!

JUAN: Andrés, te amo. Pero es lo más tonto que he escuchado salir de tu boca. Y pasamos juntos por la pubertad.

PEDRO: ¡Oigan, ya! Mantengan la concentración.

MATEO: Solo... hagámos un experimento mental. ¿Qué pasaría si le tomamos la palabra? Que no es una prueba ni un lenguaje metafórico, sino información directa y literal.

TOMÁS: Entonces fuimos engañados. No es el Mesías, y desperdiciamos tres años de nuestras vidas.

TADEO: ¿Cómo puedes decirlo?

TOMÁS: ¿Cómo, Tadeo? ¿¡Estás preguntándome cómo!?

FELIPE: ¡Muchachos! No hagan esto.

JUAN: Apoyo a Mateo. Tomémosle la palabra. Es una locura para mí que siquiera puedan considerar lo contrario.

PEDRO: A menudo habla en parábolas...

NATANAEL: "Entregado para ser crucificado" no me parece una parábola, Pedro.

PEDRO: Lo dijo después de decir que moviéramos montañas basándose en la higuera que representaba el templo.

NATANAEL: Buen punto.

JUDAS: También concuerdo con Mateo, y con Tomás.

MATEO: Judas, mi punto de vista y el de Tomás no son el mismo.

JUDAS: Pero están conectados.

SANTIAGO EL MAYOR: Pues no entiendo.

JUAN: No, claro que no.

PEDRO: Ya basta, por favor. *(A Judas:)*. Explícate.

JUDAS: Escúchenme. Supongan que Tomás tiene razón. Que la predicción es literal y no solo lo arrestan y entregan, sino que, en consecuencia, lo crucifican. Tendríamos la respuesta, y habría que seguir buscando al verdadero Mesías.

(La habitación estalla en indignación y protestas).

JUDAS (CONT.): ¡Escúchenme, solo escúchenme! ¡Escúchenme! O, en una variación de la interpretación de Mateo, le tomamos la palabra, y es literal, y decide entregarse pero... pero a esa hora, justo porque es todopoderoso, evade la muerte con las capacidades omnipotentes que todos aquí hemos visto que posee, ¡y el momento que todos esperábamos por fin ocurre! Derribará a Sus enemigos, y marcará el inicio de la era mesiánica.

TADEO: Solo me gusta uno de esos resultados.

MATEO: Yo no dije que creo que eso va a pasar.

FELIPE: Pero Judas tiene razón; podría pasar.

SIMÓN Z: Me rehúso a aceptar que desperdicié los últimos tres años de mi vida. No hay manera.

TOMÁS: ¿Y qué sí aceptarías, Zé?

SANTIAGO EL MENOR: Hermanos, esto es absurdo.

"El que ama su vida, la perderá; y el que aborrece su vida en este mundo, para vida eterna la guardará. Si alguno me sirve, sígame; y donde yo estuviere, allí también estará mi servidor. Si alguno me sirviere, mi Padre le honrará".

Juan 12:25-26

Lección 6

ETERNO

APOSENTO ALTO - NOCHE

(Algo escandaloso se ha dicho. Finalmente, después de una larga pausa, fastidiado por todas las declaraciones con aspecto de acertijo, Tomás alza la voz).

TOMÁS: ¿Qué se supone que significa eso? *(Exigiendo).* Dinos quién es y quién no lo es.

JESÚS *(ignorando la pregunta)*: Deseaba intensamente compartir esta comida con ustedes antes de sufrir. Este será nuestro último Pésaj juntos en esta tierra, antes de que celebremos nuevamente cuando todo se cumpla en el nuevo reino.

(Los discípulos lo miran fijamente. ¿¡Qué dijo!?).

NATANAEL: Me gustaría saber en cuánto tiempo... pero ya sé lo que dirás.

JESÚS: Ya lo entenderán. Pero primero...

(Levanta un pedazo de pan pita tipo lavash enorme, redondo y sin levadura y mira hacia el cielo, dando gracias).

JESÚS (CONT.): Bendito seas, Señor Dios nuestro, Rey del universo, que haces surgir el pan de la tierra.

TODOS: Amén.

(Jesús parte un pedazo pequeño con delicadeza y se lo pasa a Juan a Su derecha, y luego el resto del pan pita se lo da a Judas, quien parte un pedazo, luego se lo pasa a Simón Z, quien hace lo mismo, y así sucesivamente).

JESÚS *(alzando el pan)*: Normalmente este pan es para recordar y celebrar nuestra redención de Egipto a la Tierra Prometida, de la esclavitud a la libertad. Esta noche celebramos su redención del pecado gracias a Mí. Tomen y coman. Este es Mi cuerpo, que será entregado por ustedes. Hagan esto en conmemoración Mía.

(Todos comen. Jesús alza una gran copa de vino. Da gracias).

JESÚS (CONT.): Bendito seas, Señor Dios nuestro, Rey del universo, que creas el fruto de la vid.

TODOS: Amén.

JESÚS: Normalmente el vino nos permite recordar y celebrar la sangre del cordero untada en las puertas de nuestros ancestros. Pero esta noche... de igual forma... esta es Mi sangre, de la NUEVA alianza, derramada por ustedes y por muchos para el perdón de los pecados. Bébanla, todos, en conmemoración Mía.

(Jesús se la pasa a Judas primero e indica que la pasen entre todos).

Lo inevitable

Ay, cuánto odiamos la muerte y todo lo que conlleva... y con razón. Desde el shock de un accidente automovilístico hasta una enfermedad terminal que se prolonga; desde una sobredosis accidental hasta el horror del suicidio; desde la violencia y el asesinato hasta la quietud de envejecer y que nuestros cuerpos inevitablemente fallen; desde tener que enfrentar "el fin", como toda persona terminará por hacer, hasta la abrumadora aflicción de perder a nuestros seres queridos, no hay escape de la tragedia de la muerte. Quizás peor que todo eso es que es casi imposible imaginar realmente lo que hay después de la muerte. Aun los cristianos tenemos opiniones diversas de qué exactamente ocurre al momento

Durante siglos, escépticos ateos han dudado de la existencia de Dios y del más allá (lo que no les ha servido mucho cuando enfrentan la muerte).

Sin embargo, curiosamente, el mundo de las ciencias seculares ha estado reconsiderando su escepticismo. En décadas recientes, se han documentado tantas "experiencias cercanas a la muerte" (ECM) que la gente ha comenzado a ver los testimonios como evidencia real de un más allá.

Por supuesto, como creyentes en la Biblia no nos sorprende cuando la evidencia del mundo concuerda con lo que Dios nos ha dicho desde siempre.

Pero no divaguemos. :)

de fallecer. ¿Una persona moribunda "se duerme" e inmediatamente "despierta" en una nueva realidad? ¿O hay un estado de sueño intermedio de algún tipo? ¿Se trata de movernos por un túnel hacia la luz (como algunos han reportado) o flotamos más allá de este mundo?

¿Quién rayos sabe? Pero, sea cual sea la teoría a la que te suscribas, esto es lo que los seguidores de Jesús *sí* saben:

Nuestra muerte da lugar a la vida eterna con Él.

Ah, y al parecer el Padre nos honrará.

Pero veremos más sobre ese increíble dato curioso más adelante.

Tu turno

1. Reflexiona sobre el episodio 6 y en cómo Jesús debió sentirse mientras se acercaba Su temida muerte, y considera: ¿Qué sientes cuando piensas en la muerte?

La vida supera a la muerte

"Estimada es a los ojos de Jehová la muerte de sus santos".

Salmos 116:15

¿Cómo puede algo tan indeseado, resistido y de plano temido —incluso por quienes creemos en el nombre del Señor Jesucristo para salvación (Hch. 16:31)— ser estimado? ¿¡Cómo puede la "muerte de sus santos" ser estimada al Señor!?

Porque *ahí* es cuando nuestra eternidad comenzará (Jn. 11:25; Col. 3:1–4).

Ahí es cuando nuestro sufrimiento cesará (Is. 65:17; Ap. 21:1–5).

"En el principio era el Verbo, y el Verbo era con Dios, y el Verbo era Dios. Este era en el principio con Dios. Todas las cosas por él fueron hechas, y sin él nada de lo que ha sido hecho, fue hecho".
Juan 1:1–3

"Haya, pues, en vosotros este sentir que hubo también en Cristo Jesús, el cual, siendo en forma de Dios, no estimó el ser igual a Dios como cosa a que aferrarse, sino que se despojó a sí mismo, tomando forma de siervo, hecho semejante a los hombres; y estando en la condición de hombre, se humilló a sí mismo, haciéndose obediente hasta la muerte, y muerte de cruz. Por lo cual Dios también le exaltó hasta lo sumo, y le dio un nombre que es sobre todo nombre, para que en el nombre de Jesús se doble toda rodilla de los que están en los cielos, y en la tierra, y debajo de la tierra; y toda lengua confiese que Jesucristo es el Señor, para gloria de Dios Padre".
Filipenses 2:5–11

"Mas, oh amados, no ignoréis esto: que para con el Señor un día es como mil años, y mil años como un día".
2 Pedro 3:8

"De Jehová es la tierra y su plenitud; el mundo, y los que en él habitan. Porque él la fundó sobre los mares, y la afirmó sobre los ríos".
Salmos 24:1–2

Ahí es cuando nuestra fe se hará visible (1 Cor. 13:12; Ap. 1:7).

En otras palabras, la muerte terrenal da lugar a la vida celestial con Aquel para el cual fuimos creados, Aquel con quien debíamos experimentar la comunión perfecta, Aquel cuya presencia —por su misma naturaleza— nos da sentido, propósito y paz.

Por supuesto, esas son fuertes declaraciones. Pero, mientras luchamos por entender tales cosas, mientras nos esforzamos para ver lo invisible, mientras trabajamos duro para aceptar la Palabra de Dios por fe, **Jesús ya está ahí** —es decir, ninguno de los elementos extraordinarios de la "eternidad" le son nuevos o extraños. Después de todo...

Jesús estuvo con Dios en el principio.

Es decir, Él siempre existió y siempre existirá.

No lo limitan ni el espacio ni el tiempo. Ni la muerte.

Todo, de hecho, le pertenece y encuentra su propósito en Él.

Y, cuando elegimos seguirlo, podemos estar donde Él está.

Tu turno

2. Lee los versículos al margen. ¿Cómo impacta la naturaleza eterna de Cristo tu temor a la muerte?

3. A veces es difícil seguir a Jesús en la tierra. Pero ¿cómo es que seguirlo hasta el cielo hace que nuestra entrega y sacrificio valgan la pena?

4. ¿De qué maneras estar donde Jesús está (¡y verlo cara a cara!) se está volviendo más valioso para ti?

El reino

> "Y les dijo: ¡Cuánto he deseado comer con vosotros esta pascua antes que padezca! Porque os digo que no la comeré más, hasta que se cumpla en el reino de Dios. Y habiendo tomado la copa, dio gracias, y dijo: Tomad esto, y repartidlo entre vosotros; porque os digo que no beberé más del fruto de la vid, hasta que el reino de Dios venga".
>
> Lucas 22:15–18

Jesús les dijo a los discípulos que se iba, pero ellos simplemente no lo pudieron procesar. ¿A dónde va? ¿Cuándo? ¿¡Por qué!? Naturalmente, la idea de ya no caminar ni hablar con Él los aterraba. Temían no escuchar Su voz cuando predicaba u oraba. No podían imaginar un mundo en el que Él no estuviera ahí en persona para responder sus dudas, suplir sus necesidades diarias, consolarlos en la confusión y mostrarles el camino.

Las preguntas les daban vueltas por la cabeza mientras consideraban las implicaciones. Pero, a diferencia de ellos en la Última Cena, nosotros tenemos el beneficio posterior a la resurrección de entender las respuestas (¡las cuales ellos eventualmente recibieron!): que después de Su muerte y resurrección Jesús regresaría al reino celestial para sentarse en Su legítimo trono junto al Padre, **donde es alabado por la eternidad:**

"... y junto al trono, y alrededor del trono, cuatro seres vivientes llenos de ojos delante y detrás. [...] Y los cuatro seres vivientes tenían cada uno seis alas, y alrededor y por dentro estaban llenos de ojos; y no cesaban día y noche de decir: Santo, santo, santo es el Señor Dios Todopoderoso, el que era, el que es, y el que ha de venir. Y siempre que aquellos seres vivientes dan gloria y honra y acción de gracias al que está sentado en el trono, al que vive por los siglos de los siglos, los veinticuatro ancianos se postran delante del que está sentado en el trono, y adoran al que vive por los siglos de los siglos" (Ap. 4:6, 8–10).

Y donde Él está cumpliendo la promesa de preparar un lugar para nosotros también:

"En la casa de mi Padre muchas moradas hay; si así no fuera, yo os lo hubiera dicho; voy, pues, a preparar lugar para vosotros. Y si me fuere y os preparare lugar, vendré otra vez, y os tomaré a mí mismo, para que donde yo estoy, vosotros también estéis" (Jn. 14:2–3).

Ciertamente, cualquiera que elija aborrecer su vida en este mundo caído y permeado de pecado la conservará en el glorioso mundo venidero para siempre, justo donde está Jesús.

Y donde —cuando llegue el bendito día de nuestra muerte— seremos como Él:

"¡Fíjense qué gran amor nos ha dado el Padre, que se nos llame hijos de Dios! ¡Y lo somos! El mundo no nos conoce, precisamente, porque no lo conoció a él. Queridos hermanos, ahora somos hijos de Dios, pero todavía no se ha manifestado lo que habremos de ser. Sabemos, sin embargo, que cuando Cristo venga seremos semejantes a él, porque lo veremos tal como él es" (1 Jn. 3:1–2 NVI).

Así como lo fue para sus primeros discípulos, hay información que nos es muy difícil de procesar. Y, sin embargo, la Biblia es clara en que los que hemos sido salvados por Jesús estaremos *con* Él y seremos *como* Él. Y eso incluye recibir el valor y la honra del Padre. Como Jesús dijo:

"Si alguno me sirve, sígame; y donde yo estuviere, allí también estará mi servidor. Si alguno me sirviere, mi Padre le honrará" (Jn. 12:26).

Tu turno

Nosotros, de hecho, comenzamos nuestro caminar de fe con el beneficio de comprender más que los doce discípulos originales al inicio de su caminar. Con eso en mente, responde algunas de sus dudas:

5. ¿A dónde iba Jesús?

6. ¿Cuándo se iba?

7. ¿Por qué se iba?

Roca de la eternidad

Baluarte:
Fortificación que sobresale en el encuentro de dos cortinas o lienzos de muralla formando un ángulo saliente.

"En aquel día se entonará esta
canción en la tierra de Judá:
Tenemos una ciudad fuerte. Para salvarla,
Dios levantó muros y baluartes.
Abran las puertas para que entre la
nación justa que se mantiene fiel.
Al de carácter firme lo guardarás en perfecta paz, porque en Ti confía.
Confíen en el SEÑOR para siempre, porque el SEÑOR, el SEÑOR mismo, es la Roca eterna".

Isaías 26:1–4 (NVI)

La fortaleza en Masada que mencionamos en la introducción de este estudio realmente era una vista impresionante; mejor que cualquier estructura hecha por humanos, la piedra montañosa era mucho más antigua que las personas que encontraron refugio en ella. Sin duda, quienes entraron a sus antiguos muros se sintieron protegidos y a salvo. Recibieron alivio al saber que era una fortaleza impenetrable. Experimentaron la paz mental que viene de esconderse en la roca.

Fortaleza impenetrable:
un edificio o lugar al cual es difícil que entren enemigos, y que no puede ser asaltado o capturado.

¿Te suena conocido? Debería, porque Jesús es nuestra Masada. Nuestra "Roca de la eternidad".

Como dice el famoso himno:

Hendido:
que tiene un corte o hueco en la superficie.

"Roca de la eternidad que por mí hendida estás;
Tu costado se rasgó;
sangre y agua allí fluyó,
dando doble sanidad
por las culpas y el pecar.

Aunque obre hasta el fin no podré Tu ley cumplir;
aunque sirva sin parar, aunque llore sin cesar,
nada me podrá salvar, mas por gracia Tú lo harás.

Nada tengo que ofrecer, a Tu cruz me aferraré;
vísteme, desnudo estoy, desvalido a Ti yo voy,
a la fuente acudiré, lávame o moriré.

Cuando tenga que expirar,
y mis ojos ya cerrar,
cuando frente al trono esté
para allí comparecer,
Roca hendida para mí,
déjame esconderme en Ti".

Ahora de dominio público, el himno "Rock of Ages" se escribió en 1776 por Augustus Toplady.

A lo cual decimos, gracias, Augustus... Qué gran regalo.

¿Qué más podríamos decir?

Además de que JESÚS, precioso Jesús, es la Fortaleza eterna que tanto necesitamos.

Tu turno

8. Jesús precede a toda cosa terrenal; Él es eterno. Quienes entran bajo Su protección están a salvo; Él es la fortaleza impenetrable. Refugiados en Él, tenemos paz; Él ***es*** nuestra paz. ¿Cómo te hace sentir seguro y protegido el carácter eterno de Cristo?

Enfoque de la oración

Alaba a Jesús, la Roca de la eternidad, Aquel quien fue, es y será. Agradécele por amarte y por invitarte a formar parte de Su reino eterno. Ora por oportunidades para compartir esa misma invitación preciosa con la gente a tu alrededor, hasta la eternidad.

"He aquí que [Jesús] viene con las nubes, y todo ojo le verá, y los que le traspasaron; y todos los linajes de la tierra harán lamentación por él. Sí, amén. Yo soy el Alfa y la Omega, principio y fin, dice el Señor, el que es y que era y que ha de venir, el Todopoderoso".
Apocalipsis 1:7–8

INT. CASA LUJOSA. SALA

(Magdalena mira a Nicodemo, atónita. Su sorpresa al verlo pasa por diversas fases: asombro, confusión, desorientación y, sin esperarlo, gozo).

NICODEMO: María Magdalena. ¿Habías estado buscándome?

MAGDALENA: ¡Sí! Eres tú, maestro.

NICODEMO: Por favor, debes bajar lo voz. No todos en esta casa están despiertos.

(Magdalena se toma un momento para recomponerse. Observa su entorno y la apariencia de Nicodemo. Mira hacia Matías, el vigilante, luego de nuevo a Nicodemo).

MAGDALENA: ¿Por qué tan reservado? ¿¡Por qué tus hombres no me dijeron que estaban contigo!?

NICODEMO: Lo lamento mucho, pero no tuvimos otra opción. No sé cuál es tu estado mental actual, qué tan fanáticos sean tú y los demás o qué pudieras decir y a quién. No han sido discretos últimamente, y yo debo serlo.

MAGDALENA: ¿Discreto? Estás en el Sanedrín. Díganme dónde estamos.

Propuesta de oración

Te alabo, Jesús, Señor eterno del universo. Sin tener pecado propio y con toda la razón de permanecer en la eternidad gloriosa, viniste a la tierra para pagar el precio por mi pecado. No me podría salvar ni vivir por siempre en el cielo por mis fuerzas. Así que Tú elegiste morir en mi lugar y hacer disponible la eternidad para mí. Gracias por enfrentar la muerte —por soportarla, por conquistarla— por mí. Gracias por querer compartir la eternidad conmigo. Aunque muchos no lo comprendan, elijo creerte. Eres la Roca de mi fuerza, la fortaleza que me protege en las dificultades que enfrento de este lado de la eternidad. Ayúdame a servirte y a invitar a otros a unirse a Ti. Espero ansiosamente estar contigo *en persona* algún día. Amén.

NICODEMO: Esta es mi casa, pero no necesitas saber dónde. La ciudad está plagada de espías, agentes e informantes.

MAGDALENA: No entiendo por qué ha sido tan difícil contactarte. Necesitábamos tu ayuda. ¿Dónde has estado?

NICODEMO: María, es muy peligroso lo que están haciendo. Hiciste bien en no buscarme por mi nombre. Pero nos quedó claro lo que estabas haciendo.

MAGDALENA: ¿A ti y a quiénes? ¿Tienes espías?

NICODEMO: No son espías. Solo... he estado al pendiente. ¡Y su comportamiento bien pudo haber acelerado Su perdición!

MAGDALENA: ¿Acelerado? No, no. Estás recibiendo mala información. Estamos huyendo desde el momento en que llegamos. Jesús no ha dejado pasar ni una oportunidad para hacerse un enemigo.

NICODEMO: Tengo curiosidad de saber por qué crees que es así.

MAGDALENA: ¿Disculpa?

NICODEMO: ¿Por qué está haciendo esto? ¿Por qué convierte sistemáticamente a aliados en enemigos?

MAGDALENA *(rechazando la idea, pero sabiendo que tiene sentido)*: Ya lo conoces. Lo has visto desafiar a la autoridad antes. No se encogerá solo porque...

NICODEMO: María. Esto va más allá. *(Con determinación).* Te voy a leer Sus propias palabras.

MAGDALENA: ¿Cómo?

NICODEMO: Mi vigilante estaba observando y tomando notas.

(Nicodemo recoge papeles registrados por Matías).

NICODEMO (CONT.): Esto es de apenas hace dos días, ya sabes, cuando puso de cabeza el mercado entero en el templo: "¡Ay de ustedes, escribas y fariseos, hipócritas! Porque son como sepulcros blanqueados, que por fuera parecen hermosos, pero por dentro están llenos de huesos de muertos de impurezas. Porque también ustedes por fuera parecen justos hacia los demás, pero por dentro están llenos de hipocresía y mucha maldad".

(Baja los papeles de golpe).

NICODEMO (CONT.): No suena a una invitación para unirse a Él, ¿no crees?

MAGDALENA: ¿Cuánto tiempo llevas siguiéndolo?

NICODEMO: Lo suficiente.

MAGDALENA: No entiendo. *(Voltea hacia Matías).* ¿Nos has visto? ¿Has estado observándonos?

(Matías asiente).

MAGDALENA (CONT.): Dime por qué no debería sentirme muy incómoda con esto.

NICODEMO: Él solo hacía lo que le pedí que hiciera. No he visto a Jesús desde Capernaúm. Pero, cuando la noticia llegó a Jerusalén de que Él afirmaba ser el Cristo, tuve que...

(Se detiene. Matías baja la mirada. María le llama la atención).

MAGDALENA: ¿Tuviste que qué? ¿Espiarlo?

NICODEMO: María, te traje aquí contra tu voluntad, así que intento ser paciente con tus palabras sueltas. Pero necesitas escuchar. Enseño la Torá y los fundamentos de nuestra fe a estudiantes por todo Israel. Por favor, intenta comprender la inmensa responsabilidad por nuestro pueblo que siento sobre mis hombros, otorgada por Adonai mismo.

Cada año, de cada región, llega alguien que afirma ser el Mesías e intenta ganarse a nuestro pueblo y engañarlo. Ahora, la mayoría son ignorados rápidamente por su falsa profecía y no nos enteramos de ellos.

Pero, cuando alguien como Jesús alcanza este nivel de influencia sobre tantas personas, realizando esta clase de señales y milagros —todo esto mientras declara ser el Cristo y afirma Su autoridad sobre la Ley y los líderes de nuestro pueblo...

(Nicodemo se detiene, le hace falta respirar. María se inclina hacia él).

NICODEMO (CONT.): Tengo el deber sagrado de demostrar que se equivoca.

MAGDALENA *(volviendo a Matías)*: ¿Y tú qué viste?

(Matías mira a Nicodemo, vacilante. María vuelve la mirada a Nicodemo).

MAGDALENA (CONT.): ¿Qué tanto te reportó? Tú mismo lo conociste; yo te ayudé a organizarlo. Estoy segura de que también viste quién es. ¿Qué te dijo que vio?

NICODEMO *(sin poder contenerse más)*: Vio los ojos de los ciegos abiertos, los oídos de los sordos destapados. Al hombre cojo saltándo como un ciervo y la lengua de los mudos cantando de alegría.

MAGDALENA *(sonriendo)*: Isaías.

NICODEMO: "El pueblo que caminaba en tinieblas vio una gran luz; aquellos que habitaban en tierra de sombra y muerte, sobre ellos brilló una luz".

MAGDALENA: Ese me encanta.

NICODEMO: "Pero tú, Oh, Belén, demasiado pequeña para estar con las familias de Judá, de ti ha de salir para Mí...".

NICODEMO Y MATÍAS (juntos): ... el que ha de ser gobernante de Israel; Aquel cuyos orígenes son desde la antigüedad, desde la eternidad".

MAGDALENA: Y ahora les consta que es Él quien cumple estas profecías.

NICODEMO: Oré para que no lo fuera. Necesitaba que fuera un fraude.

MATÍAS: Pero he visto demasiado.

MAGDALENA: Sé cómo te sientes.

"Ahora está turbada mi alma; ¿y qué diré? ¿Padre, sálvame de esta hora? Mas para esto he llegado a esta hora. Padre, glorifica tu nombre. Entonces vino una voz del cielo: Lo he glorificado, y lo glorificaré otra vez. Y la multitud que estaba allí, y había oído la voz, decía que había sido un trueno. Otros decían: Un ángel le ha hablado. Respondió Jesús y dijo: No ha venido esta voz por causa mía, sino por causa de vosotros. Ahora es el juicio de este mundo; ahora el príncipe de este mundo será echado fuera. Y yo, si fuere levantado de la tierra, a todos atraeré a mí mismo. Y decía esto dando a entender de qué muerte iba a morir".

Juan 12:27–33

Lección 7

VICTORIOSO

INT. APOSENTO ALTO - ANOCHECER

(La puerta se abre y todos los discípulos voltean, felices de ver a Jesús, acompañado por Marcos).

PEDRO: ¡Rabí!

TODOS: Chag Pesach Sameach.

JESÚS: Chag Pesach Sameach. *(Volviendo al adolescente).* Gracias, Marcos. Ahora baja y disfruta la cena del Séder con tus padres, ¿sí?

> Chag Pesach Sameach = ¡Feliz Pascua!

MARCOS *(inclinándose nerviosamente)*: Sí, Rabí.

JESÚS: Bienvenidos a todos. Esta noche será una noche inolvidable. Después de comer juntos, iremos a Getsemaní, donde pasaremos un rato de oración y reflexión.

(Judas se espanta, solo por un momento).

JESÚS (CONT.): Pero, antes de todo eso, hay que disfrutar de la hermosa mesa que Pedro y Juan prepararon para nosotros, y empezar la conmemoración.

(Todos se detienen, intercambiando miradas dudosas).

JUAN: Eh... Rabí... el muchacho, Marcos, dijo que un sirviente vendría pronto para ayudarnos a lavarnos los pies.

NATANAEL: Sí, algunos todavía seguimos muy sucios por la caminata. Rabí, ¿qué estas haciendo?

JESÚS *(sosteniendo un balde y una jarra):* Por favor, todos, siéntense.

ANDRÉS: ¿Sentarnos dónde?

JESÚS: En sus lugares en la mesa.

(El grupo entero protesta con variaciones de "No, gracias, Rabí" y "No es necesario que hagas esto...". Pero Él los calla rápido).

JESÚS (CONT.): Amigos Míos, amigos. Esta noche es nuestra última cena juntos. ¿Podrían solo hacer lo que les digo, sin objetar? ¿Para variar?

(Santiago el Mayor se sienta rápidamente sobre su banco, descalzo, sin protestar más. Judas está indignado. Jesús va y se arrodilla a sus pies).

JESÚS (CONT.): Gracias, Santiago. Tranquilo, está bien.

(El asombro sobrelleva a los discípulos mientras ven a Jesús lavar los pies de Santiago el Mayor. Santiago el Menor y Tadeo se sientan en sus lugares. Algunos otros obedecen también. Pero Pedro se aleja a buscar algo entre los estantes de suministros).

JESÚS (CONT.): "¡Cuán hermosos sobre las montañas son los pies de aquel que trae buenas noticias, anuncia la paz, y proclama la salvación".

(Pedro busca entre platos y vasos con una energía frenética hasta que... ¡Eureka! Encuentra otro balde y otra jarra. Jesús lava los pies de Judas, quien está paralizado con un suspenso escalofriante. O es el Mesías mismo quien está lavando sus pies, o un impostor a quien está a punto de traicionar. Jesús se levanta de estar arrodillado a vaciar el agua sucia y rellenar el balde. Al girar, se encuentra con algo casi como un reflejo: Pedro también se ha despojado de su manto y ceñido con una toalla; está sosteniendo un balde de agua, está lleno de determinación, listo para trabajar).

PEDRO: Es mi turno. Por favor, siéntate.

JESÚS: Pedro...

PEDRO *(incrédulo)*: Señor, ¿que Tú me laves los pies? No, esto no tiene sentido.

JESÚS: Lo que estoy haciendo, no lo entenderán ahora. Pero después lo entenderán.

PEDRO: Maestro, nosotros debimos haberlo hecho por Ti; perdónanos por el orgullo. Pero te digo ahora que nunca me lavarás los pies.

ANDRÉS: Hermano, solo haz lo que Él dice...

JESÚS: Escuchen con atención. Ya basta de esto. A partir de ahora, necesitan confiar en Mí más que nunca, incluso si aún no lo entienden. Lo digo en serio. Si no te los lavo, no tienes parte conmigo. No podrás ser parte de lo que estoy haciendo.

(Una pausa mientras se miran unos a otros. Luego... Pedro rápidamente pone de lado su balde y cae de rodillas).

PEDRO: En ese caso, Señor, no me laves solo los pies, sino también las manos y la cabeza.

(Natanael se ríe; no se logra contener. Andrés se ve apenado).

JESÚS: A veces Pedro sigue siendo Simón. Pedro... ¿Te bañaste esta mañana?

PEDRO: Sí.

JESÚS: Entonces solo necesitas lavarte los pies. Y eso será suficiente. Por favor, siéntate. Ven.

(Pedro se sienta y permite que Jesús le lave los pies).

Primero lo primero

Ya que los antiguos israelitas usaban sandalias en lugar de zapatos, y porque caminaban a todos lados por la arena del desierto y no querían ensuciar el interior de sus hogares, lavar los pies era una actividad diaria esencial. La tarea se consideraba una forma de hospitalidad y comúnmente la hacía el sirviente más humilde de un hogar —por eso fue tan impactante e incómodo para Sus seguidores cuando Jesús se ofreció a hacerlo.

Así como los discípulos, no esperamos que nuestros líderes se humillen. No los vemos como ejemplos de humildad, bondad o cuidado. Al contrario, esperamos que la gente poderosa actúe con poder. Cuando las celebridades o los políticos son amables, pues, qué bien. Destacan. Pero es mucho más común que ellos saluden como realeza a la distancia mientras hacen demandas a sus subordinados.

Y ese es el punto: Jesús no es así; Él lava los pies. Según la cultura del antiguo Israel, era una tarea indigna de Él, pero ni siquiera se detuvo ahí porque unas pocas horas más tarde se ofreció como el mayor sacrificio por el pecado (Heb. 7:27). El Rabino se volvió el despreciado (Is. 53:3); el Sanador se volvió el herido (v. 5); el Señor de la vida se volvió el Cordero llevado al matadero (v.7).

> "Pero él fue herido por nuestras transgresiones, molido por nuestras iniquidades. El castigo, por nuestra paz, cayó sobre él, y por sus heridas hemos sido sanados".
> Isaías 53:5 (NBLA)

Mas "por sus heridas hemos sido sanados" porque, en la cruz, el Creador también se volvió la cura (vv. 5, 11).

Tu turno

1. Reflexiona sobre el episodio 7 y en cómo Jesús sirvió y se sacrificó, y luego considera: ¿Cómo defines "ganar"?

Levantado

"Pero Cristo, habiendo ofrecido una vez para siempre un solo sacrificio por los pecados, se ha sentado a la diestra de Dios, de ahí en adelante esperando hasta que sus enemigos sean puestos por estrado de sus pies; porque con una sola ofrenda hizo perfectos para siempre a los santificados".

Hebreos 10:12–14

Ser santificados significa ser apartados para un uso especial, ser consagrados, ser hechos santos. Por supuesto, solo Dios es santo... nosotros ni cerca. Como Pablo dijo en Romanos

7:19–20, 24: "Porque no hago el bien que quiero, sino el mal que no quiero, eso hago. Y si hago lo que no quiero, ya no lo hago yo, sino el pecado que mora en mí. [...] ¡Miserable de mí! ¿quién me librará de este cuerpo de muerte?".

Puaj. Y sí, nuestra lucha con el pecado es constante. Sin embargo, la Biblia deja claro que, una vez que le pertenecemos a Jesús, estamos *siendo* santificados, es decir que el Espíritu Santo ya ha comenzado Su asombrosa obra transformadora en quienes nos rendimos a Jesús; sencillamente Él no nos permite permanecer igual.

Por frustrado que estuviera Pablo con su propio terco pecado, también alabó a Dios por la liberación, diciendo "Gracias doy a Dios, por Jesucristo Señor nuestro" (Rom. 7:25). Y luego mencionó que viene el cambio permanente en los creyentes: "Porque a los que antes conoció, también los predestinó para que fuesen hechos conformes a la imagen de su Hijo" (8:29). O, como lo dijo en otra carta: "Por tanto, nosotros todos, mirando a cara descubierta como en un espejo la gloria del Señor, somos transformados de gloria en gloria en la misma imagen, como por el Espíritu del Señor" (2 Cor. 3:18).

Ciertamente, somos transformados día tras día hasta *aquel* día en que seremos llevados al cielo, donde la obra de Dios en nosotros será completa: "Amados, ahora somos hijos de Dios, y aún no se ha manifestado lo que hemos de ser; pero sabemos que cuando él se manifieste, seremos semejantes a él, porque le veremos tal como él es" (1 Jn. 3:2).

Irónicamente, cuando Jesús fue levantado en la cruz, Él aseguró Su —y por ende nuestra— victoria sobre el pecado y la muerte, pues no tenía la intención de permanecer muerto: "Porque enseñaba a sus discípulos, y les decía: El Hijo del Hombre será entregado en manos de hombres, y le matarán; pero después de muerto, resucitará al tercer día" (Mc. 9:31).

Así como la muerte de Lázaro fue una oportunidad para demostrar que **Jesús tiene el poder sobre la muerte**, ¡la muerte de Jesús también fue una oportunidad para demostrar que **Él es la vida!** Su muerte fue la precursora de la victoria plena y total, y marcó el fin de nuestra separación de Él, ahora y para siempre: "Yo soy la resurrección y la vida; el que cree en mí, aunque esté muerto, vivirá" (Jn. 11:25).

Ojalá aprendiéramos a humillarnos como Jesús y también a vivir en la victoria que Su sacrificio inauguró.

Tu turno

"La sangre de machos cabríos y de toros, y las cenizas de una novilla rociadas sobre personas impuras, las santifican de modo que quedan limpias por fuera. Si esto es así, ¡cuánto más la sangre de Cristo, quien por medio del **Espíritu eterno se ofreció sin mancha a Dios**, purificará nuestra conciencia de las obras que conducen a la muerte, a fin de que sirvamos al Dios viviente! Por eso Cristo es mediador de un nuevo pacto, para que los llamados reciban la herencia eterna prometida, **ahora que él ha muerto para liberarlos de las transgresiones cometidas bajo el primer pacto**".
Hebreos 9:13–15 (NVI)

2. ¿De qué maneras experimentas, así como Pablo, una lucha constante contra el pecado?

3. ¿De qué maneras has experimentado la victoria sobre el pecado "por Jesucristo Señor nuestro"?

4. A veces los caminos humildes de Jesús parecen lo opuesto a la victoria. Sin embargo, según Hebreos 9:13–15, ¿cómo logró Su sacrificio precisamente eso?

Caballo blanco

"Vi el cielo abierto, y apareció un caballo blanco. El que lo montaba se llama Fiel y Verdadero. Con justicia juzga y hace la guerra. Sus ojos son una llama de fuego, y sobre su cabeza hay muchas diademas. Tiene un nombre escrito que nadie conoce sino Él. Está vestido de un manto empapado en sangre, y su nombre es: El Verbo de Dios. Los ejércitos que están en los cielos, vestidos de lino fino, blanco y limpio, lo seguían sobre caballos blancos. De su boca sale una espada afilada para herir con ella a las naciones y las regirá con vara de hierro. Él mismo pisa el lagar del vino del furor de la ira de Dios Todopoderoso. En su manto y en su muslo tiene un nombre escrito:

'REY DE REYES Y

SEÑOR DE SEÑORES'".

Apocalipsis 19:11–16 (NBLA)

El amor de Dios es, sin duda, el encabezado. Después de todo, Jesús vino a la tierra con el único propósito de *demostrar* ese amor, en que "siendo aún pecadores, Cristo murió por nosotros" (Rom. 5:8). Por supuesto, no hay mayor prueba de amor que entregar la vida por alguien más (Jn. 15:13). Claramente, Jesús *es* amor y ha redimido a Sus seguidores para que *experimentemos* Su amor y además *compartamos* Su amor con los demás (Jn. 13:34–35).

Amor, amor, amor.

Pero, en Juan 12:27–33, el alma de Jesús se turbó por un momento porque la victoria se lograría con dolor —no a pesar del dolor, ni mucho menos evadiéndolo. Así que, completamente consciente del tipo de muerte que sufriría, Él permaneció totalmente comprometido a Su propósito: dar gloria al Padre asegurando la victoria sobre el pecado y la muerte.

Jesús tenía una misión (Lc. 19:10). Él fue y es la oposición "contra principados, contra potestades, contra los gobernadores de las tinieblas de este siglo, contra huestes espirituales de maldad en las regiones celestes" (Ef. 6:12). Él es nuestro Libertador (He. 2:14–16). Él es nuestra Esperanza (12:2–3).

"Pero Dios, habiendo pasado por alto los tiempos de esta ignorancia, ahora manda a todos los hombres en todo lugar, que se arrepientan; por cuanto ha establecido un día en el cual juzgará al mundo con justicia, por aquel varón a quien designó, dando fe a todos con haberle levantado de los muertos". Hechos 17:30–31

"Haya, pues, en vosotros este sentir que hubo también en Cristo Jesús, el cual, siendo en forma de Dios, no estimó el ser igual a Dios como cosa a que aferrarse, sino que se despojó a sí mismo, tomando forma de siervo, hecho semejante a los hombres; y estando en la condición de hombre, se humilló a sí mismo, haciéndose obediente hasta la muerte, y muerte de cruz". Filipenses 2:5–8

Él es todas estas cosas; por eso el amor de Dios por la humanidad no es el final. Si bien Jesús murió para salvarnos, según las profecías en Apocalipsis, Él también es Aquel que viene a juzgar con justicia y a hacer guerra (Ap. 19:11), lo cual nos debería dar escalofríos santos.

Jesús se humilló lo más humanamente posible para ponerse por debajo de nuestras necesidades —nuestro quebranto, nuestra rebelión, nuestra desesperación— para **levantarnos con Él en victoria**. Así que, cuando la Biblia dice que reinaremos con Él para siempre en el cielo (2 Tim. 2:12), ¡debemos tomarnos un tiempo para contemplar lo que realmente significa eso! Reinar significa gobernar, someter, conquistar, controlar, destruir la oposición para siempre.

Sería sabio poner atención a Jesús, el Juez y el Gobernador, no solo porque hacerlo nos infundiría un buen y saludable temor del Señor en el corazón; también nos prepararía para el porvenir. Y al hacerlo se transforma nuestra comprensión del mundo actual en el que vivimos. Significa que, sin importar dónde el pecado haga daño, qué tan desalentadoras sean las circunstancias ni qué tanto parezca que Satanás esté "ganando", **todo termina con Jesús montando un caballo blanco.**

Él ha ganado.

Él viene.

Él juzgará y hará guerra contra Sus enemigos.

Él le pondrá fin a lo que el pecado ha causado.

Y, cuando lo haga, estaremos ahí con Él.

Tu turno

5. Jesús es amor **y** es Aquel que "juzga y hace la guerra". ¿Cómo van de la mano esas dos cosas?

6. ¿En qué áreas de tu vida sientes que Satanás o el pecado (o ambos) están ganando?

7. Lee Efesios 6:10–20. ¿Cómo puedes prepararte mejor para la guerra?

Abundando

"Pero cuando esto corruptible se haya vestido de incorrupción, y esto mortal se haya vestido de inmortalidad, entonces se cumplirá la palabra que está escrita:

'Devorada ha sido la muerte en victoria.

¿Dónde está, oh muerte, tu victoria?

¿Dónde, oh sepulcro, tu aguijón?'.

El aguijón de la muerte es el pecado, y el poder del pecado es la ley; pero a Dios gracias, que nos da la victoria por medio de nuestro Señor Jesucristo.

> Por tanto, mis amados hermanos, estén firmes, constantes,
> abundando siempre en la obra del Señor, sabiendo
> que su trabajo en el Señor no es en vano".
> 1 Corintios 15:54–58 (NBLA)

La gracia de Dios nos salva (Ro. 3:23–26), el poder resucitador de Jesús nos redime (Ef. 2:4–7) y la fiel obra del Espíritu Santo nos está transformando (2 Cor. 3:18). No hicimos nada para merecer nada de eso, y por lo tanto no hay razón alguna para jactarnos espiritualmente (Ef. 2:8–9).

El Señor recibe el crédito por toda cosa buena (Stg. 1:17).

Pero saber todo eso no debería ser lo que nos motive a ocuparnos, porque los verdaderos seguidores de Jesús "abundan siempre en la obra del Señor" (1 Cor. 15:58). Después de todo, **hemos sido liberados para hacer eso mismo**: para testificar de la bondad de Dios, para amar y servir a otros como lo hizo Jesús, y para ayudar a construir Su glorioso reino de cualquier manera que Él generosamente nos permita y capacite.

La muerte, ciertamente, ha sido devorada en la victoria de Jesús. **Y el Vencedor está listo y capaz —en todo tiempo y de toda forma— para ser la Fortaleza que tanto necesitamos.**

Tu turno

8. Desde nuestro lugar seguro de victoria en Jesús (donde se guardan nuestras vidas terrenales y se asegura nuestra esperanza del cielo), ¿en qué "obra del Señor" estás llamado a abundar hoy?

Enfoque de la oración

¡Alaba a Jesús porque Él ha ganado! Agradécele por el regalo de la salvación para quienes creen, y por darte a *ti* la capacidad de creer. Confiesa cualquier falta de fe en Su deseo y habilidad constantes de cuidarte y guardarte. Pídele ayuda para permanecer fiel —así como Él es fiel— y para abundar en las buenas obras todos los días que estés en la tierra.

Propuesta de oración

Amado Jesús, ¡te alabo como el Rey victorioso! Ganaste por la vía extraña de morir; me asombra que supieras de antemano que morirías una muerte tan grotesca y que aun así lo hicieras. Me regocijo en que lo que parecía una derrota resultó ser una victoria, cosa que probaste al resucitar. Y todo eso lo hiciste como un acto de servicio para asegurar la salvación de quienes creen. Gracias por Tu determinación de completar el plan del Padre y por invitarnos a participar. Ahora, en lo que espero Tu glorioso regreso para establecer por fin Tu reino, pido la fuerza y determinación para permanecer fiel mientras sigo luchando contra el pecado en esta vida. Por favor, ayúdame a crecer en confianza en la victoria que ya aseguraste. Amén.

INT. APOSENTO ALTO

(Pedro y Juan ponen la mesa-triclinio para la Pascua. Mientras trabajan y platican, Marcos y su padre, Jakim, entran y salen con comida y vino).

JUAN: Me estoy tomando un momento.

PEDRO: Por supuesto que sí.

JUAN: Piensa en dónde empezamos, Pedro. Parece que fue ayer y hace toda una vida al mismo tiempo... tú y yo despiertos toda la noche en esos barcos, antes de encontrarnos con el Creador del universo.

PEDRO: Gracias por tu ayuda, por cierto.

JUAN: Funcionó muy bien para mí. *(Los dos ríen).* Y ahora estamos preparando la cena del Séder en la Ciudad Santa con diez hermanos, y siendo guiados por el Cristo Mismo. Quien resulta ser nuestro Rabí.

MARCOS *(corriendo con un poco de pan y repartiéndolo)*: ¿Creen que este pan será bueno para Él? Y deben saber que la casa está totalmente limpia de levadura. Lo confirmé otra vez.

PEDRO: Escucha, amigo. El Hijo de Dios nos dijo específicamente que te siguiéramos y viniéramos. Estará bien.

(Jakim entra con una jarra).

MARCOS: Mi sueño fue muy claro; esto es lo que vi. ¡Es solo que no puedo creer que sea para Él! Vi esta mesa y este cuarto y...

JUAN: Sí, sí, ya nos dijiste. Es muy emocionante.

JAKIM: ¿Y no van a salir de aquí? ¿Ninguno saldrá? Yo les ruego que sean discretos.

PEDRO: Sí, ya nos dijiste. Y nadie quiere que esto sea discreto más que nosotros.

JAKIM: Lo dudo.

PEDRO *(casi impresionado por la audacia)*: Muy bien.

(Jakim baja la jarra y sale).

MARCOS *(emocionado)*: Muy bien. Ay, hay algo más. Ahora vuelvo.

(Sale deprisa).

PEDRO: Sí, esto es grandioso.

JUAN: Dios le dio una visión.

PEDRO: No, no, hablo de lo que dijiste. Estamos preparando la cena del Séder para el Cristo. Estoy contigo, hermano.

JUAN: Pero también la visión de Marcos. Y cómo su papá aceptó de inmediato recibirnos cuando es obvio que se siente paranóico. Esto sin duda viene de Adonai y claramente dispuesto por Jesús.

PEDRO: Entonces ¿por qué no sonríes?

JUAN: Justo te iba a preguntar lo mismo. He estado prestando atención, Pedro, y creo que empiezo a entenderlo más, lo cual nos acerca más. Pero... aún se me van ciertas cosas como por qué organizó todo esto esta noche, y por qué estamos aquí ahora.

PEDRO: Sí... pero aun así pusimos la mesa.

JUAN: Sí. Aunque sigo sin ver la razón. Pero lo que sí sé es que está...

(Suspira).

PEDRO: ¿Está...?

JUAN: Triste.

"Fíate de Jehová de todo tu corazón,
y no te apoyes en tu propia prudencia.
Reconócelo en todos tus caminos,
y él enderezará tus veredas".
Proverbios 3:5–6

"Y Cristo, en los días de su carne, ofreciendo ruegos y súplicas **con gran clamor y lágrimas** al que le podía librar de la muerte, **fue oído** a causa de su temor reverente. Y aunque era Hijo, por lo que padeció aprendió la obediencia; y habiendo sido perfeccionado, **vino a ser autor de eterna salvación** para todos los que le obedecen; y fue declarado por Dios sumo sacerdote según el orden de Melquisedec".
Hebreos 5:7–10

"Por tanto, nosotros también, teniendo en derredor nuestro tan grande nube de testigos, despojémonos de todo peso y del pecado que nos asedia, y corramos con paciencia la carrera que tenemos por delante, puestos los ojos en Jesús, **el autor y consumador de la fe**, el cual por el gozo puesto delante de él **sufrió la cruz**, menospreciando el oprobio, y **se sentó a la diestra del trono de Dios**".
Hebreos 12:1–2

“Le respondió la gente: Nosotros hemos oído de la ley, que el Cristo permanece para siempre. ¿Cómo, pues, dices tú que es necesario que el Hijo del Hombre sea levantado? ¿Quién es este Hijo del Hombre? Entonces Jesús les dijo: Aún por un poco está la luz entre vosotros; andad entre tanto que tenéis luz, para que no os sorprendan las tinieblas; porque el que anda en tinieblas, no sabe a dónde va. Entre tanto que tenéis la luz, creed en la luz, para que seáis hijos de luz”.

Juan 12:34–36

Lección 8

LUZ

EXT. CALLE DE JERUSALÉN. MERCADO - ANOCHECER

(Tadeo camina a través del mercado, observa a su alrededor discretamente para asegurarse de que nadie lo siga. Pasa un puesto de mercader con herramientas de piedra para cantería que cuelgan de ganchos —cinceles, mazos, espátulas y demás. Se detiene. Alza una mano para tocar uno de los mazos...).

FLASHBACK A BETSAIDA. SITIO DE CONSTRUCCIÓN - DÍA

(La toma muestra de cerca una mano con un cincel sobre una superficie de piedra. Un mazo golpea la cabeza del cincel para tallar la piedra. Un Tadeo joven lleva la gran piedra a un muro de retención, donde la coloca perfectamente encima de otras piedras. Esparce mortero con una espátula. Se detiene al oír... ¿un tarareo? No... un tipo de cantar suave, sin forma, casi imperceptible desde el otro lado de la pared).

VOZ *(del salmo 39)*: Hazme saber, Señor, cuál será mi fin, y cuál es la medida de mis días... Aunque el ser humano como un solplo es...

TADEO: ¿¿Joab??

(El canto se vuelve un tarareo suave. Tadeo rodea la pared para ver qué ocurre. Ahí está Jesús, clavando unas tablas para construir una rampa mientras canta en voz baja).

TADEO: ¿Dónde está Joab?

(Jesús detiene Su obra y su canto).

JESÚS *(animándose)*: ¡Oh! Shalom.

TADEO: Sí, ¿qué pasó con Joab?

JESÚS: Ah, no estoy seguro. Solo sé que el capataz me dijo que no vendría hoy, y me dejó a cargo de la rampa. Espero que esté bien.

TADEO: Sí, yo igual. Oye, me habría sorprendido si fueras él, porque Joab no sabe cantar.

JESÚS: Ay, tampoco es Mi especialidad.

TADEO: No, él en serio no sabe cantar. Al punto de tener que fingir que canta en las sinagogas para no arruinarlo para todos los demás.

JESÚS *(riéndose)*: Suena a que es un carpintero muy considerado. Soy Jesús, por cierto.

TADEO: Tadeo. Soy cantero.

JESÚS: Ah, ¡eso era lo que hacías por allá! Te vi cortando la roca, apilándola, y el mortero... No tenía idea.

(Después de un momento tenso, los dos se ríen).

TADEO: Sí. Oye, estás haciendo un trabajo hermoso con esto. Sí, se nota dónde termina el trabajo de Joab y comenza el Tuyo. Tus tablas de cedro se ven más rectas.

JESÚS *(riéndose de nuevo y regresando a Su trabajo)*: Qué amable, pero dime: ¿acaso Joab también se comío tu almuerzo? "Él no sabe cantar, coloca las tablas de cedro torcidas...". Suena a que es terrible.

TADEO: No, no, él es.... es bueno.

JESÚS *(mirando en dirección al sol)*: Hablando de almuerzo, ya es hora. ¿Vas a descansar?

TADEO: Supongo que sí...

JESÚS: ¿Te acompaño?

Tantas preguntas

Las preguntas que la multitud hacía no eran las que Jesús respondía porque la gente hacía las preguntas *incorrectas*. Es cierto que entendían bien algunas cosas: reconocieron que cuando Jesús usó el título de "Hijo del Hombre" era una referencia al Mesías, el tan esperado Salvador de los judíos. Y sabían que la frase "que sea levantado" (Jn. 12:34) significaba muerte de cruz.

Entonces... entendían el significado de algunas palabras.

Pero no entendían la importancia de esas palabras ni que Aquel que las decía *era* el Verbo (Jn. 1:1–3) ni que *mediante* Sus palabras Jesús tenía el poder de crear cosas que de otro modo no existirían (Rom. 4:17) —cosas como la luz, por ejemplo, y todo lo demás que vemos y experimentamos en el mundo (Gn. 1:3; Col. 1:16). Del mismo modo, muchos no entendieron que Jesús es el camino, la verdad y la vida, "y no hay ningunas tinieblas en él" (Jn. 14:6; 1 Jn. 1:5–7).

"¿Cómo, pues, dices tú que es necesario que el Hijo del Hombre sea levantado?".

"¿Quién es este Hijo del Hombre?".

"En el principio era el Verbo, y el Verbo era con Dios, y el Verbo era Dios. Este era en el principio con Dios. Todas las cosas por él fueron hechas, y sin él nada de lo que ha sido hecho, fue hecho".
Juan 1:1–3

"[Dios] da vida a los muertos, y llama las cosas que no son, como si fuesen".
Romanos 4:17

Para nerds bíblicos (como nosotros) que quieren saber

Desde la perspectiva judía, un Mesías crucificado era una imposibilidad, un oxímoron (como un círculo cuadrado) porque las Escrituras del AT dicen que una persona crucificada es maldita por Dios:

"Si alguno hubiere cometido algún crimen digno de muerte, y lo hiciereis morir, y lo colgareis en un madero, no dejaréis que su cuerpo pase la noche sobre el madero; sin falta lo enterrarás el mismo día, porque maldito por Dios es el colgado; y no contaminarás tu tierra que Jehová tu Dios te da por heredad" (Dt. 21:22–23).

Las ideas preconcebidas de la multitud sobre quién debía ser el Mesías y qué haría (e.d. liberar a la nación israelita y reinar como rey sobre un trono terrenal) realmente no les permitían aceptar a un Mesías maldito.

Sin embargo, eso es exactamente lo que Jesús vino a ser y hacer por nosotros; por eso Pablo dijo:

"Cristo nos redimió de la maldición de la ley, hecho por nosotros maldición (porque está escrito: Maldito todo el que es colgado en un madero)" (Gal. 3:13, citando a Dt. 21:23).

El carácter maldito del Mesías no fue un accidente; la maldición sobre el Mesías en nuestro lugar fue el plan de Dios para nuestra salvación.

Desafortunadamente, esa idea fue demasiado increíble para muchos; por eso Pablo también dijo: "Nosotros predicamos a Cristo crucificado, para los judíos ciertamente tropezadero, y para los gentiles locura" (1 Cor. 1:23).

"En el principio creó Dios los cielos y la tierra. Y la tierra estaba desordenada y vacía, y las tinieblas estaban sobre la faz del abismo, y el Espíritu de Dios se movía sobre la faz de las aguas. Y dijo Dios: Sea la luz; y fue la luz".
Génesis 1:1–3

"Jesús le dijo: Yo soy el camino, y la verdad, y la vida; nadie viene al Padre, sino por mí".
Juan 14:6

"Este es el mensaje que hemos oído de él, y os anunciamos: Dios es luz, y no hay ningunas tinieblas en él. Si decimos que tenemos comunión con él, y andamos en tinieblas, mentimos, y no practicamos la verdad; pero si andamos en luz, como él está en luz, tenemos comunión unos con otros, y la sangre de Jesucristo su Hijo nos limpia de todo pecado".
1 Juan 1:5–7

Así, sus preguntas se quedaron cortas de la más importante de todas—la misma que cada persona, hoy y para siempre, debe preguntarse:

¿Quién dices *tú* que es Jesús?

Tu turno

1. Reflexiona sobre el episodio 8 y la manera en que Jesús llama a Sus seguidores a Sí, y luego considera: ¿Quién dices ***tú*** que es Jesús?

(¿Viste lo que hicimos?)

Alerta

"Porque todos ustedes son hijos de la luz e hijos del día. No somos de la noche ni de las tinieblas. Por tanto, no durmamos como los demás, sino estemos alerta y seamos sobrios".
1 Tesalonicenses 5:5–6 (NBLA)

Al igual que muchos judíos del primer siglo, no siempre estamos dispuestos a aceptar la verdad, aun cuando nos está mirando a la cara, por decirlo así. En su caso, la verdad sí les miró a la cara. Pero Jesús anhela que entendamos y creamos que Él es la cura a la oscuridad (Sal. 18:28; Jn. 1:5), que cuando estamos en Él, aunque los pecados sean expuestos a menudo incómodamente (Jn. 3:19–21), también hay perdón, redención y restauración (1 Jn. 1:9; Ef. 1:7–10; 1 Pe. 5:10). Él quiere que sepamos que Él es el *único* que nos puede liberar y mantener libres de la tiranía del pecado y la muerte (1 Cor. 1:4–9; Jud. 24–25) y que nuestra esperanza viene de saber que somos hijos e hijas de la luz.

Juan 12 dice que Jesús fue luz entre las personas por un tiempo y las animó a aceptarlo y volverse "hijos de la luz" (v. 36). Al rendirnos a Jesús, vivimos en Su luz, lo cual nos hace recordar el reto que nos hizo en el Sermón del Monte: "Vosotros sois la luz del mundo" (Mt. 5:14). Al igual que la luna que sigue al sol, quienes seguimos a la Luz del mundo reflejamos Su luz al mundo que nos rodea.

Por otro lado, donde aún haya incredulidad y pecado, hay oscuridad. Y a Satanás le encanta cuando la gente que Dios creó elige la oscuridad en vez de la luz. La oscuridad permite encubrir el pecado (e.d. que permanezca oculto) y deja que florezca. Ciertamente el pecado no se contenta con quedarse en un solo lugar; crece como un monstruo, siempre ganando territorio mientras que nosotros (sus portadores) vivimos distraídos, engañados, aislados y dormidos.

Pero **Jesús nos llama a estar alerta** y a entrar en Su luz que limpia y que cura. Él ofrece la redención del pecado y la restauración de una relación correcta con Dios, y proporciona un lugar seguro en el cual experimentaremos una comunión constante con Él y con otros seguidores, por lo que preguntamos:

¿Qué te impediría correr a toda velocidad hacia ese lugar?

"... Pero si haces lo malo, el pecado está a la puerta para dominarte...".
Génesis 4:7 (NVI)

"Pero vuestras iniquidades han hecho división entre vosotros y vuestro Dios, y vuestros pecados han hecho ocultar de vosotros su rostro para no oír".
Isaías 59:2

"Engañoso es el corazón más que todas las cosas, y perverso; ¿quién lo conocerá?".
Jeremías 17:9

"Porque por ahí andan muchos [...] que son enemigos de la cruz de Cristo; el fin de los cuales será perdición, cuyo dios es el vientre, y cuya gloria es su vergüenza; que solo piensan en lo terrenal".
Filipenses 3:18–19

"Mas todas las cosas, cuando son puestas en evidencia por la luz, son hechas manifiestas; porque la luz es lo que manifiesta todo. Por lo cual dice: Despiértate, tú que duermes, y levántate de los muertos, y te alumbrará Cristo".
Efesios 5:13–14

Tu turno

2. ¿En qué áreas de tu vida permites que permanezca la oscuridad? ¿Qué consecuencias experimentas como resultado?

3. Salmos 119:105 dice: "Lámpara es a mis pies tu palabra y lumbrera a mi camino". ¿Cómo protege la luz de Jesús tu vida?

4. ¿Cuáles son algunas cosas que puedes hacer hoy para estar alerta y acercarte a Jesús?

Dentro de la fortaleza

"Este es el mensaje que hemos oído de él, y os anunciamos: Dios es luz, y no hay ningunas tinieblas en él. Si decimos que tenemos comunión con él, y andamos en tinieblas, mentimos, y no practicamos la verdad; pero si andamos en luz, como él está en luz, tenemos comunión unos con otros, y la sangre de Jesucristo su Hijo nos limpia de todo pecado".

1 Juan 1:5–7

La luz "desinfecta" al exponer el pecado y revelar la verdad. Crea espacio para la honestidad y la comunidad. Nos permite ver a Dios, a nosotros mismos y a los demás con mayor claridad. Revela las mentiras que pudiéramos creer y nos protege contra el aislamiento, la soledad y los pensamientos descontrolados. Sobre todo, nos protege contra los ataques secretos de nuestro engañoso enemigo. Y, lo mejor de todo, nos despierta y nos permite trabajar, de modo que expandimos el reino de la luz.

Sin embargo, con demasiada frecuencia, los seguidores de Jesús intentamos andar solos; dependemos de nuestras propias penosas fuerzas y limitados recursos internos para combatir las fuerzas de la oscuridad que agresivamente procuran nuestra destrucción. Como dice Efesios 6:12: "Porque no tenemos lucha contra sangre y carne, sino contra principados, contra potestades, contra los gobernadores de las tinieblas de este siglo, contra huestes espirituales de maldad en las regiones celestes".

Dicho esto, Jesús ofrece un lugar acogedor, cálido y lleno de gozo en donde los planes de Satanás para sabotearnos no pueden entrar. Dentro de nuestro refugio están la luz y la vida que Dios planeó cuando creó al mundo, ¡por lo que regresar a ese lugar habrá de ser una estrategia salvavidas! Desde luego, tener un lugar así a nuestra disposición es un regalo y una provisión en este mundo caído en el que vivimos.

Nuestra batalla, ciertamente, es contra Satanás y sus secuaces, quienes acechan desde fuera. Pero nuestra Fortaleza es Aquel que reina sobre todos ellos.

"Humillaos, pues, bajo la poderosa mano de Dios, para que él os exalte cuando fuere tiempo; echando toda vuestra ansiedad sobre él, porque él tiene cuidado de vosotros. Sed sobrios, y velad; porque **vuestro adversario el diablo, como león rugiente, anda alrededor buscando a quien devorar**; al cual resistid firmes en la fe, sabiendo que los mismos padecimientos se van cumpliendo en vuestros hermanos en todo el mundo. Mas **el Dios de toda gracia, que nos llamó a su gloria eterna en Jesucristo**, después que hayáis padecido un poco de tiempo, **él mismo os perfeccione, afirme, fortalezca y establezca**".
1 Pedro 5:6–10

"Y el Dios de paz aplastará en breve a Satanás bajo vuestros pies. La gracia de nuestro Señor Jesucristo sea con vosotros".
Romanos 16:20

"Y el diablo que los engañaba fue lanzado en el lago de fuego y azufre, donde estaban la bestia y el falso profeta; y serán atormentados día y noche por los siglos de los siglos".
Apocalipsis 20:10

Tu turno

5. ¿Qué te impide refugiarte en Jesús en toda circunstancia y en todo momento?

6. Según 1 Pedro 5:8, Satanás "anda alrededor buscando a quien devorar". ¿Saber eso cómo te motiva a cambiar algunas (o todas) de tus prioridades?

7. Según 1 Pedro 5:9, podemos resistir al diablo estando "firmes en la fe". ¿En cuáles atributos de Jesús, nuestra Fortaleza, descansas hoy?

Señor Jesús

"Porque en él fueron creadas todas las cosas, las que hay en los cielos y las que hay en la tierra, visibles e invisibles; sean tronos, sean dominios, sean principados, sean potestades; todo fue creado por medio de él y para él. Y él es antes de todas las cosas, y todas las cosas en él subsisten; y él es la cabeza del cuerpo que es la iglesia, él que es el principio, el primogénito de entre los muertos, para que en todo tenga la preeminencia; por cuanto agradó al Padre que en él habitase toda plenitud, y por medio de él reconciliar consigo todas las cosas, así las que están en la tierra como las que están en los cielos, haciendo la paz mediante la sangre de su cruz".

Colosenses 1:16–20

Jesús es la razón de todo, el Mesías supremo, el tan esperado Salvador tanto de judíos como de gentiles. Él es el autor y consumador de nuestra fe (Heb. 12:2) y Aquel que guarda a Sus seguidores todo el camino hasta el cielo, donde por fin lo veremos cara a cara (2 Tes. 3:3; 2 Ti. 1:12–14) y toda nuestra necesidad, debilidad y sufrimiento cesarán.

¡Ah!, que nos refugiáramos diariamente en Jesús, nuestra Fortaleza, mientras esperamos que comience la eternidad.

¡Ah!, que le permitiéramos más y más acceso a nuestros corazones y nuestras manos haciendo de Él nuestra mayor prioridad.

¡Ah!, que pasáramos tiempo con Él en comunión y descanso, y le permitiéramos restaurar nuestras almas cansadas.

¡Ah!, que confiáramos en Él para avanzar Su propósito y Sus planes para nuestras vidas, sabiendo todo el tiempo que Él nos sostiene firmemente.

Él es, y para siempre será, la Fortaleza que tanto necesitamos.

Tu turno

8. Colosenses 1:17 dice que en Jesús "todas las cosas subsisten". ¿De qué maneras puedes ver hoy que Él te sostiene —a ti, a tus intereses y preocupaciones, a tus problemas y a tu gente?

Enfoque de la oración

Alaba a Jesús porque "en Él fueron creadas todas las cosas, las que hay en los cielos y las que hay en la tierra" y porque "todas las cosas en Él subsisten". Agradécele por invitarte a Su maravillosa luz, por exponer tu necesidad y luego perdonarte y liberarte del pecado, y por hacerse totalmente accesible para ti. Confiesa cualquier prioridad errónea que aún tengas, y pídele más fe y determinación para refugiarte en Él, tu Fortaleza, hoy y todos los días.

Propuesta de oración

Salmos 61
Oye, oh Dios, mi clamor;
a mi oración atiende.
Desde el cabo de la tierra clamaré a ti,
cuando mi corazón desmayare.
Llévame a la roca
que es más alta que yo,
porque tú has sido mi refugio,
y torre fuerte delante del enemigo.
Yo habitaré en tu tabernáculo para siempre;
estaré seguro bajo la cubierta de tus alas. *Selah*
Porque tú, oh Dios, has oído mis votos;
me has dado la heredad de los que temen tu nombre.
Días sobre días añadirás al rey;
sus años serán como generación y generación.
Estará para siempre delante de Dios;
prepara misericordia y verdad
para que lo conserven.
Así cantaré tu nombre para siempre,
pagando mis votos
cada día.

De hecho, puedes usar una oración del rey israelita David, del Antiguo Testamento, quien entendió el valor de las fortalezas literales como Masada y cuyas palabras han ayudado a revelar y glorificar a Dios como el máximo lugar de seguridad: "la Roca que es más alta que yo".

> *EXT. SITIO DE CONSTRUCCIÓN*
>
> *(Jesús y Tadeo se sientan sobre unas sillas lejos del sitio de construcción, con su humilde almuerzo de pan pita, rebanadas de manzana y cantimploras de agua).*
>
> JESÚS: ¿Vives aquí en Betsaida?
>
> TADEO: No, soy de Capernaúm. Para trabajar aquí simplemente he estado acampando.
>
> JESÚS: ¡Yo también!

TADEO: ¿¡Eres de Capernaúm!?

JESÚS: Ah, no. La parte de de acampar. Nací en Belén, en Judea. Viví en Egipto por un tiempo y pasé la mayor parte de mi vida en Nazaret. Y ahí viene la broma.

TADEO: No, no. No me gusta burlarme de dónde es la gente. Digo, además, ¿quién puede decir que vivió en Egipto? Para mí eso anula lo de Nazaret. *(Ambos se ríen).* ¡Pero Egipto! Para un cantero es la tierra de las maravillas. Con su arquitectura...

JESÚS: Algunas durarán.

TADEO: ¿Qué?

JESÚS: Las maravillas de Egipto. Algunas de ellas seguirán ahí dentro de miles de años, pero mayormente serán la excepción.

TADEO: No comprendo.

JESÚS: Bueno, piensa en las ruinas de Jericó. El templo del rey Salomón. Las ciudades perdidas de Admá, Zeboím y Zóar. Hasta la mampostería más fina y las tablas de cedro más rectas algún día van a ceder ante el clima, la guerra y el tiempo mismo. *(Tadeo está fascinado).* ¿Esta letrina? Perdón. ¿Cuál era el nombre cortés que pidieron que usáramos?

TADEO: El servicio público.

JESÚS: Sí, este "excelentísimo servicio público" que estamos construyendo... En unos pocos miles de años nadie sabrá siquiera que existió.

TADEO: Ni que tú y yo existimos.

JESÚS *(pensativo)*: Mm... bueno...

(Después de mirar a Jesús por un momento, Tadeo se ríe. Toma un sorbo de su bebida).

JESÚS (CONT.): También soy un Rabí, por cierto.

TADEO: ¿Disculpa?

JESÚS: Somos un par de hombres construyendo un retrete en un pueblito al norte de Galilea, en un pequeño país bajo la ocupación del enorme y poderoso Imperio romano. Pero ¿y si te digo que tengo algo más en mente para Mi vida y la tuya?

TADEO *(un poco extrañado)*: ¿Como qué?

JESÚS: Algo que durará. Un reino no construído por manos. Una fortaleza más fuerte que la piedra. ¿Te unirías a Mí para ayudarme a formarlo?

TADEO *(confundido pero interesado, mas sin saber cómo responder)*: Esto es, eh... No entiendo lo que estás diciendo. Es decir que no tienes medios para poseer un terreno o una casa, y aun así me ofreces... ¿contratar mis servicios?

JESÚS: No los que estás prestando hoy.

TADEO: ¿Y entonces? ¡Es que yo no soy bueno en nada más!

JESÚS: Eso es lo que tú crees.

TADEO: ¡Es lo que sé! Disculpa mi audacia, pero me siento algo incómodo.

JESÚS: ¿Por qué?

TADEO: Porque tú... no me conoces.

JESÚS: Sí te conozco.

TADEO: ¡¡Te conocí hace media hora!!

JESÚS: Únete a mí.

TADEO: ¿Y qué haría?

JESÚS: Ya te dije. Construir un nuevo reino.

TADEO: ¿Solos, Tú y yo?

JESÚS: No, pero con algo tengo que empezar, ¿y dónde mejor que aquí? ¿Y quién mejor que tú?

TADEO: Escucha, no sé de qué estás hablando, pero sin duda podrías conseguir a alguien mejor que yo. ¿Y aquí? Bueno, sin ofender a Betsaida, sé que dije que no me gusta burlarme de los lugares pequeños. *(Guarda la servilleta donde tenía su pan pita y se levanta para irse).*

TADEO (CONT.): Voy a retomar mi trabajo. Tengo un salario que cobrar por mi labor. *(Tadeo se dirige de regreso al sitio de construcción).*

JESÚS *(de pie y llamando tras él)*: Ven conmigo esta noche. Última oferta.

TADEO: No has hecho ninguna oferta.

JESÚS: Un nuevo reino. De valor eterno.

(Exasperado, Tadeo se da la vuelta. Sin saber qué más decir, decide ser práctico).

TADEO: ¿Cuánto pagas?

JESÚS: ¿Pagar?

TADEO: Sí, el ingreso, la tarifa diaria, arreglos de vivienda... ¿Ya lo tienes todo resuelto?

JESÚS: No existe un pago. Al menos no en el sentido terrenal. Yo soy Rabí, y estoy diciéndote: Sígueme.

TADEO *(dando la vuelta para irse)*: Fue un placer conocerte.

JESÚS: Serás parte del cambio que vendrá.

(Tadeo se detiene).

JESÚS (CONT.): Serás parte de una familia, no hecha de parientes, pero con lazos de sangre igual de fuertes.

(Empezamos a ver momentos y escenas de temporadas pasadas, comenzando con Magdalena abriendo la puerta a Tadeo y a Santiago el Menor en la temporada 1, episodio 2).

JESÚS (CONT.): Pasarás tus días con las personas más interesantes, desenfrenadas,

(Simón Pedro).

JESÚS (CONT.): Graciosas,

(Natanael).

JESÚS (CONT.): Motivadas,

(Ramah).

JESÚS (CONT.): Valientes,

(Tamar).

JESÚS (CONT.): Afectuosas,

(Felipe).

JESÚS (CONT.): Inteligentes,

(Mateo y Tomás).

JESÚS (CONT.): Fuertes,

(Simón Z).

JESÚS (CONT.): Apasionadas,

(Andrés).

JESÚS (CONT.): Intensas,

(Los hermanos trueno).

JESÚS (CONT.): Leales,

(Santiago el menor).

JESÚS (CONT.): Cariñosas,

(María madre).

JESÚS (CONT.): E imperfectas...

(Judas).

JESÚS (CONT.): Que jamás han recorrido la tierra. Tú verás,

(Jesús sanando).

JESÚS (CONT.): Y harás...

(Misiones de dos en dos).

JESÚS (CONT.): Cosas que no puedes imaginar. Serás reconocido,

(Entrada Triunfal).

JESÚS (CONT.): Odiado,

(El apedreamiento).

JESÚS (CONT.): Te necesitarán,

(Mateo y las borlas).

JESÚS (CONT.): Te perderás,

(Mirando a Ramah).

JESÚS (CONT.): Y te encontrarás. Vivirás en todas partes y en ninguna.

(Poniendo el campamento).

JESÚS (CONT.): Perderás amigos,

(La procesión de Ramah, la shiva de Santiago el Mayor).

JESÚS (CONT.): A todos tus amigos, y tu propia vida. Irás hasta los confines del mundo, y serás parte del comienzo del movimiento más grande de la tierra.

(Tadeo predicando en Turquía).

JESÚS (CONT.): La gente dirá que fuiste un tonto y que yo fui un tonto y que todo fue una mentira. Nos llamarán herejes, mentirosos y fraudes.

EXT. APOSENTO ALTO - ANOCHECER

(Vemos al Tadeo actual mientras se dirige hacia el aposento alto de la casa).

JESÚS (CONT.): Otros celebrarán y venerarán tu memoria, y te llamarán santo, pero ese no es el punto. El punto es que habrás dicho que sí al "no" del mundo, que esperaste contra toda esperanza, y tuviste fe contra toda fe, que te entregaste y lo diste todo y fuiste firme hasta el final. ¿Quieres seguirme?

(Marcos lo espera en la entrada y lo guía por las escaleras. Se abre la puerta al aposento alto, y Tadeo entra).

NOTAS

NOTAS

NOTAS

NOTAS

NOTAS

NOTAS

NOTAS

NOTAS

NOTAS

NOTAS

NOTAS

ACERCA DE LOS AUTORES

Amanda Jenkins es autora, oradora y madre de cuatro hijos. Es la principal creadora del contenido extra de *The Chosen*, incluyendo los libros devocionales de *The Chosen*, y los libros infantiles *The Chosen*. Vive en Texas con sus hijos y su esposo, Dallas, creador de *The Chosen*.

Dallas Jenkins es cineasta, autor y conferencista. En los últimos veinte años, ha dirigido y producido más de una docena de películas para compañías como Warner Brothers, Lionsgate, Universal Studios y Hallmark Channel. Ahora es el creador de *The Chosen*, el primer programa multi-temporada sobre la vida de Jesús y el proyecto de medios de mayor financiamiento colectivo de la historia. Vive con su familia en Texas, donde ahora se graba el programa.

El consultor bíblico evangélico oficial para la serie *The Chosen*, **Douglas S. Huffman** (PhD, Trinity Evangelical Divinity School) es profesor del Nuevo Testamento y decano asociado de Estudios Bíblicos y Teológicos en la Escuela Talbot de Teología (Universidad de Biola) en California. Se especializa en griego del Nuevo Testamento, Pensamiento Cristiano y Lucas-Hechos, y es el autor de *Verbal Aspect Theory and the Prohibitions in the Greek New Testament* y *The Handy Guide to New Testament Greek*, editor colaborador de libros como *God Under Fire: Modern Scholarship Reinvents God*, *How Then Should We Choose? Three Views on God's Will and Decision Making* y *Christian Contours: How a Biblical Worldview Shapes the Mind and Heart*, y contribuidor en varias revistas teológicas y obras de referencia. El Dr. Huffman aparece en la "Mesa redonda bíblica" de *The Chosen* en la aplicación *The Chosen*. Le gusta trabajar con estudiantes de pregrado de Biola, señalándoles las Escrituras como la Palabra de Dios para la actualidad.